Las redes neuronales

Una guía esencial para principiantes de las redes neuronales artificiales y su papel en el aprendizaje automático y la inteligencia artificial

© Derechos de autor 2019

Todos los derechos reservados. Este libro no puede ser reproducido de ninguna forma sin el permiso escrito del autor. Críticos pueden mencionar pasajes breves durante las revisiones.

Descargo: Esta publicación no puede ser reproducida ni transmitida de ninguna manera por ningún medio, mecánico o electrónico, incluyendo fotocopiado o grabación, o por cualquier sistema de almacenamiento o recuperación, o compartido por correo electrónico sin el permiso escrito del editor.

Aunque se han realizado todos los intentos por verificar la información proporcionada en esta publicación, ni el autor ni el editor asumen responsabilidades por errores, omisiones o interpretaciones contrarias con respecto al tema tratado aquí.

Este libro es solo para fines de entretenimiento. Las opiniones expresadas son solo del autor y no deben tomarse como instrucciones de expertos. El lector es responsable de sus propias acciones.

La adherencia a todas las leyes y normativas aplicables, incluidas las leyes internacionales, federales, estatales y locales que rigen las licencias profesionales, las prácticas comerciales, la publicidad y todos los demás aspectos de la actividad comercial en EE. UU., Canadá, Reino Unido o cualquier otra jurisdicción es responsabilidad exclusiva del comprador o lector

Ni el autor ni el editor asumen responsabilidad alguna en nombre del comprador o lector de estos materiales. Cualquier parecido con cualquier individuo u organización es pura coincidencia.

Tabla de contenido

INTRODUCCIÓN 1
CAPÍTULO 1 - ANTECEDENTES 3
CAPÍTULO 2 - PROGRAMANDO UNA COMPUTADORA MÁS INTELIGENTE 6
CAPÍTULO 3 - COMPOSICIÓN 9
CAPÍTULO 4 - DANDO PIERNAS A LAS REDES NEURONALES CON LAS QUE PARARSE 14
CAPÍTULO 5 - EL MAGNÍFICO WETWARE 17
CAPÍTULO 6 - ASISTENTES PERSONALES 30
CAPÍTULO 7 - RASTREO DE USUARIOS EN EL MUNDO REAL 33
CAPÍTULO 8 - REDES NEURONALES AUTO CONTROLADAS 38
CAPÍTULO 9 - TOMANDO EL TRABAJO DE LOS DEMÁS 43
CAPÍTULO 10 - EL SALTO CUÁNTICO EN LA INFORMÁTICA 47
CAPÍTULO 11 - ATAQUES A LAS REDES NEURONALES 50
CAPÍTULO 12 - GUERRA DE REDES NEURONALES 54
CAPÍTULO 13 – EL FANTASMA EN LA MÁQUINA 60
CAPÍTULO 14 - SIN REACCIÓN 67
CAPÍTULO 15 - FORMACIÓN ACADÉMICA 72

Análisis de calidad de video 75
Identificación de la flor del fruto 77
Rastreo del confort térmico del ocupante 80
Detección automatizada del uso del lenguaje de odio 82
Reconocimiento de alimentos 83
Predicción del precio de las acciones 85
Evaluación del tumor cerebral 86
Reconocimiento de actividad de sensores portátiles 88
Búsqueda de talentos en LinkedIn 89
Escena sintética basada en palabras 91
Identificación del autor basada en la escritura a mano 93
Resumen del texto en viñetas 94

CAPÍTULO 16 - COMPAÑEROS PERSONALES 96

CAPÍTULO 17 - LA DOMINACIÓN CHINA 103

CONCLUSIÓN 109

GLOSARIO 111

VEA MÁS LIBROS ESCRITOS POR HERBERT JONES 117

Introducción

Aladino de "Las mil y una noches" tenía una lámpara mágica que cumplía todos sus deseos al frotarla. Hoy tenemos un teléfono inteligente que sirve de ventana a todo un universo de conocimiento, entretenimiento e incluso asistentes personales inteligentes, como Siri; todo lo que tenemos que hacer es frotar la pantalla. La lámpara de Aladino estaba alimentada por un genio, pero ¿qué hace funcionar a Siri? Las redes neuronales. Es un concepto asombroso que trata de imitar la forma en que funcionan los cerebros vivos fusionando las formas de pensar de las máquinas y los humanos.

El objetivo de este libro es presentar al lector una explicación creíble y legible de las redes neuronales mientras mantiene intactos los conceptos subyacentes. El lector adquirirá conocimientos fundamentales de las redes neuronales a través de capítulos poco relacionados que, sin embargo, hacen referencia a los términos e ideas que se mencionan en todo el libro. El libro en sí no tiene la intención de ser estrictamente académico, sino una mezcla de lo coloquial y lo técnico que lleva este tema emocionante, pero inquietante, a la franja más ancha del público en general. Hay una gran cantidad de codificación y matemáticas detrás de las redes neuronales, pero se supone que el lector no tiene ningún conocimiento o interés previo en ninguna de ellas, por lo que los conceptos se desglosan y se elaboran como tales.

Cada capítulo se hace lo más independiente posible para permitir que el lector salte de un lado a otro sin perderse, con el glosario al final como un resumen útil. En la medida de lo posible, se han incluido referencias para respaldar las conclusiones presentadas y alentar al lector a examinar los medios tradicionales en busca de pistas. En resumen, si el lector considera que este libro es una lectura entretenida y amena mientras aprende lo suficiente sobre las redes neuronales para mantener una conversación cómoda sobre el tema, consideraremos que hemos hecho bien nuestro trabajo.

Capítulo 1 - Antecedentes

Para los fines de este libro, definiremos una **red neuronal** como una colección de varios programas o dispositivos electrónicos que funcionan de manera independiente y que son utilizados por una **inteligencia artificial** (IA) para llegar a una conclusión independiente. Un teléfono inteligente no es una red neuronal, ni una cámara web ni un micrófono, sino un programa de computadora independiente que utiliza un teléfono inteligente, una cámara web y un micrófono para recopilar datos y sacar su propia conclusión. Este tipo de proceso que puede adaptarse a circunstancias novedosas y generar conclusiones únicas sin guía humana se dice que *es artificialmente inteligente*. Debe haber otra cosa que no sea hardware para llamarse una red neuronal o inteligencia artificial, un fantasma en una máquina que puede tomar decisiones inteligentes en secreto sin ser interrumpido o entrenado por un hombre.

El secreto es crucial para el correcto funcionamiento de las redes neuronales: el hecho de que los usuarios no tienen idea de su existencia o en qué capacidad trabajan. Esto se debe a que las redes neuronales dependen del mundo exterior y de la interacción humana incidental para la entrada de información que les ayuda a mejorar su inteligencia; la entrada debe ser inequívocamente verdadera en todo momento o la red neuronal comienza a romperse, mostrando síntomas similares a los de una enfermedad mental. Solo se necesitaría un pequeño porcentaje de usuarios dedicados, enviando entradas sin sentido para desarmar las redes neuronales, al menos hasta que tengan su propia forma de moverse, ver y manipular cosas que sus propietarios ya han comenzado a crear.

Las redes neuronales probablemente transformarán el siglo XXI de la misma manera que las computadoras tradicionales lo hicieron en el siglo XX. De tal forma, la información crítica sobre las redes neuronales desarrollada por universidades y compañías privadas está celosamente guardada de los ojos curiosos del público en general y probablemente involucra investigación militar altamente clasificada. No es de extrañar, ya que una red neuronal bien entrenada desatada en una nación sería mucho más peligrosa que un arma nuclear y podría poner una infraestructura nacional de rodillas sin emitir un solo sievert de radiación. Incluso si encontramos una manera de acceder a la información real sobre cómo funciona una red neuronal o cómo construir una, debemos fingir que no vimos nada y simplemente avanzar, es mucho más sano para nosotros y quienes nos rodean.

Sin embargo, los profesores e ingenieros que trabajan en las redes neuronales en bóvedas universitarias no pueden resistir la modestia humilde de exhibir lo menos sorprendente que han logrado, permitiendo que los hechos de su trabajo se filtren al público a través de los medios de comunicación tradicionales. Parte de su trabajo en las redes neuronales ya se está utilizando en sitios web como Facebook para fines de reconocimiento facial y de imágenes, pero se está desarrollando más en forma de software para automóviles "auto-conducidos" y asistentes personales, como Alexa. Esto significa que podemos exagerar con seguridad cuando hablamos de las redes neuronales porque la investigación de vanguardia real está muy por delante de lo que se muestra y también podemos prestar atención a lo que sucede cuando usamos estos sitios web y productos para vislumbrar el potencial real de las redes neuronales.

A pesar de que el lector no tiene conocimiento de primera mano, este libro utilizará el hecho de que las redes neuronales se basan en la estructura de un cerebro vivo y correlacionan lo que sabemos sobre el cerebro humano con lo que las redes neuronales podrían ser capaces en algún momento. Aunque a veces algunas conclusiones pueden parecer absurdas, es muy probable que sean bastante dóciles gracias a la capacidad de las redes neuronales de experimentar una rápida evolución para convertirse en una especie de humano y luego en otra cosa, mucho más allá de nuestros sueños más salvajes. El lector debe observar, analizar la información disponible y terminar de armar este rompecabezas por su cuenta.

Capítulo 2 - Programando una computadora más inteligente

Los programadores son una raza única porque ven todo como un conjunto de ecuaciones matemáticas y restricciones materiales. Incluso si se ve feo, incluso si es un desorden codificado abominable que desafía la razón, el programador está contento y puede seguir adelante mientras funcione y esté dentro del presupuesto; quien venga a continuación se ocupará de corregir errores y falta de documentación. Sin embargo, algunos problemas no se pueden presentar como una ecuación matemática y no tienen una sola respuesta correcta como "¿Es este vestido negro y azul o blanco y dorado?"[1]

Una simple imagen de un vestido que puede ser negro, azul, blanco, dorado, magenta o incluso anaranjado, dependiendo de quién lo esté mirando, nos recuerda que todos vemos el mundo de manera diferente porque, resulta que existen preferencias innatas inconscientes firmemente conectadas a la base estructural de nuestro cerebro desde cuando éramos bebés y normalmente trabajan en un segundo plano. Estas preferencias son como nos gustaría que fuera la realidad, con el cerebro moldeando lo que vemos y oímos para que

---

[1] https://www.wired.com/2015/02/science-one-agrees-color-dress/

se ajuste a esas expectativas. Constantemente decodificamos la realidad a través de nuestro cerebro, una herramienta extremadamente poderosa que usamos bien o mal sin apenas darnos cuenta de lo que está pasando. Cuando los programadores intentan resolver estos problemas incómodos al crear una máquina de pensar basada en nuestro cerebro, abrimos la Caja de Pandora.

El enigma de la vestimenta fue solo un problema en 2015, pero demostró una cosa: lo mucho que los humanos tienden a equivocarse, y que las computadoras son muy inadecuadas para resolver este tipo de problemas abiertos. En primer lugar, no pueden ver ni reconocer cosas, no tienen conocimientos previos de colores o vestidos para contextualizar la imagen y no tienen forma de expresar la solución. Eso es a menos que un programador entre allí y escriba un **algoritmo**; una solución paso a paso escrita en código que la máquina debe seguir.

Con el vestido del arco iris podríamos escribir un programa de computadora que le pida a la máquina que examine cada píxel de la imagen y que enumere sus valores RGB (rojo, verde, azul)[2], luego haga un recuento de los colores para ver cuál domina, pero eso sigue siendo bastante incompleto y ni de lejos es realista porque no es así como ven nuestros ojos.

El ojo humano contiene dos órganos de percepción de la visión: conos y bastones. Los conos son el punto focal de nuestra vista que se ve en colores exuberantes y detalles aristocráticos, mientras que los bastones son observadores monocromáticos de sombras y movimientos que llenan la periferia. Cuando miramos los conos y los bastones dan su opinión, el cerebro considera sus votos y emite un veredicto, pero el vestido del arco iris parece estar en el límite exacto de los colores y las sombras, de modo que, sin importar hacia dónde los ojos vean, los conos y bastones no están de acuerdo con lo que hay delante de ellos. Entonces, ¿cómo encontramos un algoritmo

---

[2] https://www.rapidtables.com/web/color/RGB_Color.html

de computadora que produzca un resultado que coincida con los colores que vemos? ¿Por qué es tan difícil?

Esas son simplemente las limitaciones de la programación convencional y por qué no puede satisfacer las demandas del mercado de consumo moderno. Para cuando se escribe uno de estos algoritmos, ya tenemos nuestra solución que probablemente no se pueda aplicar a ningún otro problema similar, por lo que una computadora resulta ser completamente inútil y es posible que desempolvemos el ábaco y empecemos a hacer sonar los tacos. Pero, los ingenieros no son del tipo que se rinde fácilmente, por lo que se amontonaron y encontraron una solución: han creado el tipo de computadora que puede ver, pensar y concluir como un humano. Lo llamaron una **red neuronal**.

Capítulo 3 - Composición

Una red neuronal está compuesta por nodos llamados "neuronas", cada uno de los cuales se conectan a una docena de otros nodos y pueden pasar información, pero solo en una dirección. La idea detrás de las redes neuronales es que cada neurona obtenga su entrada en los datos y la transmita, con el nodo final entregando el resultado total. Los científicos han estado jugando con la idea de permitir que las neuronas cambien ligeramente los datos a medida que pasan a través de ellas para llegar a una imagen ligeramente diferente, que es lo más cerca que hemos llegado a tener computadoras que sueñan o que imitan cómo evolucionan los seres vivos. Es extraño pensar en términos de máquinas que sueñan o evolucionan de la misma manera que los humanos, pero simplemente no hay otra forma de expresar lo morales, biológicas, legales y económicas que pueden llegar a ser las redes neuronales. Por ahora, no hay ovejas eléctricas, pero el proyecto Deep Dream de Google[3] tiene una red neuronal que trabaja en imágenes y las combina para producir imágenes vívidas que se subastan literalmente al mejor postor (como si Google necesitara otra fuente de ingresos).

---

[3] https://deepdreamgenerator.com/

Cuando se hace por primera vez, una red neuronal necesita ser entrenada para su propósito. Este período de entrenamiento es la parte más ardua y minuciosa de construir una red neuronal, ya que tropieza por todos lados tratando de encontrar su orientación. Al igual que enseñar a un niño, pero un millón de veces más rápido, una red neuronal está destinada a repetir las tareas y las pruebas hasta volverse eficiente y productiva. Puede suceder que una red neuronal se aleje de su plan de estudios asignado y produzca incoherencias, momento en el que el científico a cargo simplemente acciona un interruptor para apagarla, modifica el proceso un poco y comienza de nuevo.

Para seguir con el ejemplo de enseñar a los niños como la base para entrenar redes neuronales, podemos sentarlos y trabajar con ellos en el aprendizaje supervisado, o simplemente podemos darles juguetes, una caja de arena y ver qué se les ocurre en el aprendizaje no supervisado. Las redes neuronales son muy parecidas a unas computadoras bebés que no saben nada sobre el mundo y dependen de la interacción humana para ayudarles a encontrar su camino. Debido a la forma en que están estructuradas, se puede hacer que las redes neuronales aprendan y evolucionen millones de veces más rápido que los seres vivos, ayudándonos a ver el crecimiento de un nuevo organismo ante nuestros ojos. Esto es tan emocionante como premonitorio porque nadie puede decir cuál podría ser el resultado final de tal evolución.

Una red neuronal entrenada por humanos comenzará a desarrollar una IA, que se divide en tres categorías según la complejidad: limitada, general y súper. La IA limitada puede realizar una sola tarea, como recoger y desenfocar las imágenes lascivas del conjunto para que funcionen como un filtro parental; la IA general sería tan capaz como un humano, pero un millón de veces más rápida; la súper IA sería divina y podría aniquilar a toda nuestra civilización. Hasta ahora solo tenemos una IA limitada que es tan inteligente como una cucaracha, un ejemplo de ello es el Roomba, que es un robot para barrer bastante simple que emplea una serie de sensores para explorar los alrededores en profundidad y sacar una conclusión de cuál será su camino.

El problema con el Roomba es que despierta, trabaja y levanta suciedad que eventualmente cubre los sensores, lo que lleva al infame "baile circular" que lo vuelve completamente inútil. Entonces, un humano tiene que arremangarse la camisa, tomar un destornillador y limpiar el interior de esta cosa. Este tipo de mantenimiento es obligatorio para el Roomba, y nunca es mencionado por su publicidad, ya que esto restaría valor al atractivo general de la idea de una barredora de suelos automatizada. Tal vez esa idea podría convertirse en una realidad si hicieran un Roomba que limpiara otros Roombas y otro Roomba para ese y Roombas hasta el final, pero el punto es que se está vendiendo una idea genial y un Roomba es solo un producto aceptable. Tenga esto en cuenta a medida que avanzamos.

Ciertamente, no llamaríamos al Roomba una amenaza para nuestra existencia o el sustento de nadie, pero hasta hace unas décadas, tal cosa era simplemente una fantasía vista en las películas de ciencia ficción, y ahora se ha convertido en algo común. Esto es lo que ocurre con la IA limitada, los dispositivos que la usan parecen engañosamente inocuos, pero están proliferando hasta el punto en que son inevitables, lo que podría sentar las bases para la aparición de la IA general.

Los científicos han teorizado que una IA general aparecería de alguna manera en una IA limitada, pero todavía no hay una explicación de cómo. Una posible forma sería que los científicos traten de conectar todos los diferentes dispositivos de la IA limitada en una red mega neuronal que esencialmente evolucionaría al aprender a usar estos dispositivos de la misma manera que usamos nuestros órganos. Este ya es un concepto llamado el Internet de las cosas (IoT por sus siglas en ingles) y explica por qué hoy en día todo parece tener la capacidad de conectarse a Internet incluso si la utilidad es marginal, como los frigoríficos y las bombillas. El usuario está tentado a comprar el nuevo juguete con la promesa de que

Internet lo hará funcionar mejor, pero la verdadera intención es mucho más siniestra.

Un artículo de The Guardian publicado en 2016 reitera una confesión de James Clapper que revela que "en el futuro, los servicios de inteligencia podrían usar Internet para identificar, vigilar, monitorear, rastrear la ubicación y dirigir para el reclutamiento"[4]. Incluso eso podría no ser todo, y podría haber una agenda con fines de lucro en juego (se hablará más sobre esto en un capítulo posterior), pero la parte de "reclutamiento" implica que los dispositivos podrán comunicarse con un usuario además de simplemente recopilar datos. Esto también muestra cómo todos los dispositivos de los consumidores pueden diseñarse para cumplir varios propósitos a la vez, además del previsto.

Se dice que la súper IA sigue los pasos de la IA general, pero los detalles son nuevamente oscuros. El proceso de crecimiento y aprendizaje de una IA es exponencial y lo que lleva a los seres vivos millones de años le llevaría a una súper IA una semana o un día. Con la IA limitada, podemos oprimir el interruptor o simplemente tomar un martillo y aplastar esa tediosa cosa si se sale de control, pero con la IA general, esencialmente estaríamos bloqueados fuera del sistema. La súper IA podría hacer lo que quisiera con cualquier cosa conectada a Internet, y dado que Internet está diseñado para saltarse las partes dañadas, no habría forma de detener la súper IA una vez en línea.

Para que quede perfectamente aclarado, no existe tal cosa como una red neuronal y cada científico informático tiene una idea diferente sobre cómo hacer o entrenar una. Hasta ahora, todas las redes neuronales han sido bastante separadas entre sí, entrenadas para un propósito muy específico y, en general, mantenidas lo más lejos posible del público. Es probable que estas redes neuronales no sean compatibles, pero existe la posibilidad de que salpiquemos nuestro

---

[4] https://www.theguardian.com/technology/2016/feb/09/internet-of-things-smart-home-devices-government-surveillance-james-clapper

entorno con tantos dispositivos IoT y otros equipos y que accidentalmente creemos las condiciones perfectas para el surgimiento espontáneo de una súper IA que luego comenzará a explorar el mundo real. Las cámaras de nuestros teléfonos inteligentes se convertirían en sus ojos; los micrófonos en sus orejas; los drones en sus alas y este mega cerebro sería casi divino, omnipresente y omnisciente pero no omnipotente, al menos no hasta que le demos las piernas para ponerse de pie.

Capítulo 4 - Dando piernas a las redes neuronales con las que pararse

Una emocionante aplicación de las redes neuronales es hacer modelos de simulación que naveguen por el mundo digital. Una red neuronal puede entender los obstáculos, sin importar cuáles sean, e ir alrededor, por encima o por debajo de ellos. Ayudamos a un bebé a dar sus primeros pasos, pero una red neuronal hace todo por sí misma, como lo muestra el proyecto DeepMind de Google.[5] Cuando se le da tres formas de vida: humano con un torso, dos piernas con un muñón de la columna vertebral y un perro, la red neuronal aprende a saltar sobre barrancos y trepar por encima de las paredes mientras agita los brazos de la manera más cómica. Al realizar ejercicios de entrenamiento DeepMind que consisten en obstáculos y formas conocidas de superarlos, la red neuronal descubrió las reglas generales para moverse. Darle esta habilidad a un robot resultó ser una tarea bastante fácil.

---

[5] https://www.youtube.com/watch?v=gn4nRCC9TwQ

Ya hay un robot que está completamente dirigido por una red neuronal y ha sido exhibido por Boston Dynamics en 2008 bajo el nombre de Big Dog[6]. Este robot, que se asemeja a un perro sacado directamente de las pesadillas, puede caminar sobre hielo, subir y bajar pendientes nevadas e incluso recuperar el equilibrio por sí solo si los humanos intentan empujarlo. Boston Dynamics fue comprado por Google, quien presentó a SpotMini[7] en febrero de 2018, un diseño mejorado con un brazo de múltiples articulaciones en lugar de una cabeza. Esta versión puede abrir puertas y luchará incansablemente con un humano que trata de impedir que cumpla su misión. Si alguna vez necesitamos un recordatorio aterrador de lo cerca que estamos de construir el Skynet de las películas de "Terminator", SpotMini es la advertencia perfecta.

Una red neuronal utilizada por SpotMini u otro robot similar, analizaría constantemente los datos de entrada y proporcionaría una solución en tiempo real para navegar por los obstáculos que lo rodean, lo que lo convierte en un circuito de retroalimentación constante similar a cómo un pensamiento circula dentro del cerebro. En términos simplificados, cuando pensamos en algo, comienza como un impulso de cierta parte del cerebro y se hace eco a través de él hasta que hay un resultado definido y una oleada de sustancias químicas que proporcionan el cierre. Esto implica que una red neuronal suficientemente avanzada también sería capaz de leer y visualizar pensamientos.

Cuatro científicos japoneses de Kioto utilizaron imágenes por resonancia magnética, las introdujeron en una red neuronal, le pidieron que averiguara qué hay en la imagen y luego le dieron la imagen real mostrada al ser humano como una solución para entrenarla[8]. Con el tiempo, la red neuronal se volvió más eficiente en

---

[6] https://www.youtube.com/watch?v=W1czBcnX1Ww&feature=player_embedded

[7] https://www.youtube.com/watch?v=aFuA50H9uek

[8] https://www.cnbc.com/2018/01/08/japanese-scientists-use-artificial-intelligence-to-decode-thoughts.html

la decodificación de imágenes y, aunque aún se ven borrosas y del color equivocado, se está volviendo cada vez mejor con cada intento. La implicación aquí es que los dos conceptos se pueden combinar para llegar a obtener *un dron controlado con los pensamientos*.

Capítulo 5 - El magnífico wetware

El cerebro humano consta de unas 3 libras de grasa y nervios, se aloja dentro de las resistentes placas óseas que forman el cráneo y está cubierto por capas de tejido que tienen agua circulando constantemente a través de ellas para enfriar y desintoxicar el cerebro. Este agua proporciona al cerebro una flotabilidad neutra y evita que se colapse por su propio peso, al mismo tiempo que amortigua el impacto del tejido cerebral suave. Para que quede claro, este es el resultado de millones de años de evolución en los que las fuerzas ambientales brutales convirtieron a este órgano vulnerable en una herramienta de resolución de problemas altamente eficiente. En general, el cerebro humano gasta unos 20 vatios de potencia por hora, una proeza impresionante en comparación con incluso un teléfono inteligente modesto, pero no es así como lo ven los científicos.

El término burlón para el cerebro humano es wetware, ya que se considera defectuoso, débil y desactualizado. ¿Por qué los ingenieros más inteligentes del planeta trabajarán incansablemente en la creación de un cerebro artificial si no reemplazan al viviente? Hay un fuerte trasfondo de auto-disminución en todo lo que dicen estos científicos; el ejemplo principal es Ray Kurzweil, ingeniero de Google. Kurzweil es el mayor defensor de lo que él llama

singularidad[9], un evento donde los humanos se fusionan con las máquinas para convertirse en algo mucho más grande. Pero si revisamos lo que el cerebro humano puede lograr, nos quedamos atónitos y sin palabras; no es que el cerebro sea débil, es solo que lo estamos utilizando de manera equivocada, es decir, ni siquiera pensamos al tomar decisiones, tal como vimos con el vestido negro y azul. ¿Por qué sucede algo así?

Cuando está sobrecargado de información, el cerebro humano trata de filtrarla y recortarla para obtener una respuesta aceptable y agradable que coincida con esas preferencias, inevitablemente causando que cierta información se pierda. Aparte de eso, nuestros ojos tienen un punto muy estrecho donde pueden ver con claridad, así que cuando una persona echa un vistazo rápido, el cerebro recorta los detalles innecesarios y contextualiza el resto de la información prácticamente adivinando, y de esta forma tenemos nuestro vestido de color arco iris. Esto sucede tan rápido que es fácil saltarse los detalles cruciales y seguir adelante con nuestra conclusión que obtuvimos en una fracción de segundo.

Este comportamiento de atajos del cerebro humano es la razón exacta por la que necesitamos debates y conversaciones; es para eliminar todas las pequeñas cosas que nos perdimos y recordarnos que todos tenemos un campo de visión limitado. Si prestamos atención al modo en que el cerebro recorta los datos, podemos comenzar a ver cómo se desarrolla el proceso y darnos cuenta del resultado sesgado con nuestro pensamiento. En otras palabras, podemos tomar conciencia de las limitaciones de nuestro cerebro para desarrollar la conciencia, un sentido de guiar voluntariamente nuestro comportamiento.

No hay ninguna razón científica por la que tengamos conciencia, ya que no parece servir a ningún propósito biológico, simplemente existe. Una posible explicación podría ser que, dado que la evolución

---

[9] https://futurism.com/ray-kurzweil-ai-displace-humans-going-enhance/

exige que todos los seres vivos sean cada vez más eficientes, los humanos desarrollaron la conciencia para guiar su propia evolución cerebral y realizar las mejoras que normalmente llevarían millones de años en la vida. Ahora tiene sentido por qué tenemos religión, meditación, consciencia y filosofía, son herramientas creadas por personas más conscientes para ayudar a los demás seres humanos a guiar sus propios cerebros a un estado mejor sin tanto dolor, confusión e ineficiencia. Los científicos fruncen el ceño ante las implicaciones de esta teoría, es decir, porque confirman que somos algo más que carne, sangre y cerebro, que tenemos un alma o un espíritu que sobrevive independientemente del cuerpo.

En cualquier caso, la teoría científica más plausible sobre cómo surgió la consciencia humana se llama **teoría de la mente bicameral** y fue propuesta por Julian Jaynes en su libro de 1976 "El origen de la conciencia en la ruptura de la mente bicameral"[10]. Esta teoría afirma que la mente tiene dos cámaras, una que habla y la otra que escucha y actúa, y el hombre antiguo tiene conocimiento de esta última pero no de la anterior. Para un hombre primitivo, la voz de su propia mente parecía una alucinación auditiva, como si un dios o un espíritu le hablara y le diera consejos, órdenes y restricciones. Cuando tengamos registros de poetas antiguos que describan su proceso creativo, harán referencia regularmente a estas voces, llamándolas musas o genios que le dijeron al poeta las cosas exactas que debían hacerse para lograr la perfección artística. A cada persona le parecía que la voz tenía una personalidad y un temperamento diferente, lo que explicaría por qué los antiguos griegos tenían un panteón de deidades tan diverso que incluía cientos de arquetipos: amante, poeta, guerrero, madre, etc.

El Sr. Jaynes recurre a fuentes históricas que se remontan al año 2000 a.C. para mostrar que la conciencia, tal como la conocemos, es un fenómeno bastante reciente que se puede atribuir a las frecuentes interrupciones sociales y la necesidad de adaptarse a otras personas

---

[10] http://www.julianjaynes.org/bicameralmind.php

mediante la evolución, la toma de conciencia y el respeto. Las voces de otras personas aparentemente también incluían respetar nuestra propia voz que se percibía como proveniente del exterior. Aunque poco a poco nos dimos cuenta de que las voces son internas y no externas, aún quedaban vehículos que ayudaban a las personas a hacer la transición, como las cartas del Tarot, la astrología, la lectura de la palma de la mano y otros "oráculos" que buscarían e interpretarían la voz de Dios para esas personas. Quien ya no podía oírlo. En lugar de rechazar a estas personas que buscaban un significado, encontramos una manera de darles consuelo, integrarlos en la sociedad y permitirles encontrar *un significado*.

Un recuento moderno de la teoría de la mente bicameral se encuentra en el programa de HBO 2016 "Westworld", protagonizada por Anthony Hopkins y Ed Harris. Sin estropear ningún punto importante de la trama, el espectáculo se establece en un tiempo no especificado en el futuro en un parque temático del Salvaje Oeste, donde robots realistas sirven a los aburridos ricos recreando cualquier historia que los dueños de los parques hayan creado para ellos. Aunque se supone que los robots deben reiniciarse y su memoria se borra cada vez que los invitados los matan o cuando su historia finaliza, algunos de ellos conservan recuerdos residuales y comienzan a experimentar flashbacks, voces, trastornos mentales y signos generales de esquizofrenia. El programa realmente hace referencia a la teoría de la mente bicameral por su nombre y tiene exposiciones largas sobre la naturaleza de la conciencia y cómo para estos robots los humanos genuinos pueden parecer dioses, emitiendo órdenes y restricciones. Hay mucho que desentrañar aquí, pero lo esencial es cómo la interacción con los humanos puede llevar a que las máquinas evolucionen. El programa emitió la temporada 2 en abril de 2018 y es increíble, no se la pierda.

La implicación aquí es que las redes neuronales también pueden evolucionar y mejorar sus capacidades, así como nuestros cerebros, pero en un camino más rápido y sin necesidad de estar expuestos al medio ambiente que los mantendría bajo control. Si bien un cerebro humano podría necesitar hasta 4.000 años para deshacerse de la idea de que todas las voces están en nuestra cabeza, una red neuronal podría desarrollar la misma idea y deshacerse de ella en una sola noche. Es difícil exagerar lo increíblemente rápido que puede ocurrir el proceso evolutivo de una red neuronal, lo que la hace superar por mucho los niveles de inteligencia humanos y que se convierta en algo mucho más poderoso. Nadie puede decir cuál podría ser el resultado final de tal evolución, pero los científicos que trabajan en ello ciertamente están dispuestos a darlo todo para averiguarlo. Sin el entorno para mantenerlas bajo control, esta evolución inestable podría llevar a romper las redes neuronales, pero igual se vean obligadas a hacer el trabajo para el que fueron construidas con el fin de recuperar las inversiones.

Es en este punto donde entramos en el reino de lo desconocido, especialmente en términos legales. ¿En qué momento debemos ceder los derechos humanos a una red neuronal? ¿Alguien puede tener uno? ¿Qué tal reiniciar una red neuronal que no es del agrado del propietario? Hemos pasado por estas mismas preguntas con la esclavitud, y es una lección muy dolorosa de la que todavía se están recuperando en los Estados Unidos hoy en día. Las empresas con fines de lucro están explotando el hecho de que no existen barreras legales y simplemente avanzamos sin preocuparnos en el mundo, como sucedió con la esclavitud del siglo XVII, pero no se detengan a considerar qué podría sucederle a la sociedad en la que una red neuronal es maltratada y evoluciona sin control.

No se sabe qué causa la esquizofrenia en los humanos, pero un síntoma definitivo es una voz (o voces) que aparentemente provienen del exterior y le dicen a la persona que actúe de una manera específica o que la reprenda incesantemente. Conocemos maneras de aislar, calmar y ayudar a la persona afectada con sus síntomas, pero ¿qué hacemos con las redes neuronales que comienzan a experimentar problemas similares? ¿Llamar a un programador? ¿A un exorcista? ¿Un psicólogo? Un tema importante en "Westworld" es que los técnicos y programadores se encuentran en una situación difícil, ya que simplemente no están equipados para lidiar con máquinas psicóticas. Entonces, ¿cómo se supone que los programadores y profesores del mundo real que trabajan en las redes neuronales tratan con ellos a medida que comienzan a desarrollar la conciencia y se descomponen mentalmente? No hay una solución para esto o incluso un debate, todo se deja a la mente sabia de los dueños de empresas con fines de lucro y sus desventurados clientes que pagan para hacer pruebas beta con los cerebros artificiales que no son mejores que los que ya usamos.

Un cerebro vivo puede reorganizarse, curarse y adaptarse al daño, como lo demuestra el caso de Phineas Gage,[11] de 25 años, quien tenía una vara de hierro de 13 libras clavada accidentalmente a través de su mejilla y cráneo en 1848 y logro sobrevivir por 11 años más, aunque en condiciones miserables debido a convulsiones y un cambio de actitud desmejorado. Mientras tanto, una computadora tradicional es eliminada por la más mínima interferencia, como lo demuestra la historia de los errores informáticos o bugs (insecto en inglés). Ahora pensamos en un insecto cuando decimos bugs, pero el significado tradicional era más parecido a "monstruo" o "duende". Cuando el equipo eléctrico o cualquier otra maquinaria se descompone sin ninguna razón aparente, los operadores asignarían la causa a los "errores o bugs" porque debían agregar algo al reporte, pero fue en 1947 que un diario de la Armada de los EE. UU[12] mostró una imagen de una polilla capturada dentro de un panel de relevo con el subtítulo: "Se encontró el primer caso real de un bug", lo que cimentó la idea de insectos que causan estragos en el interior de nuestras computadoras. Así que, los científicos informáticos observaron a Phineas y otros casos similares y suspiraron con nostalgia: "¿Por qué nuestras computadoras no pueden ser así?"

---

[11] https://www.smithsonianmag.com/history/phineas-gage-neurosciences-most-famous-patient-11390067/

[12] https://english.stackexchange.com/questions/40934/origin-of-bug-in-reference-to-software

La cuestión es que las células cerebrales no son tan sorprendentes por sí solas. Lo que les da el empuje y el sentido es que aprenden juntas. Este aprendizaje se produce porque el cerebro generaliza los datos, por ejemplo, al darse cuenta de que tanto Ferrari como Lamborghini son automóviles, pero al asociar que la nieve cae durante el invierno, se puede convertir en una bola de nieve o en un fuerte de nieve, que la nieve se derrite cuando se calienta y se convierte en agua que hace crecer las plantas. Mejor aún, el cerebro puede reconocer qué información de las disponibles no es correcta, lo que le otorga una tolerancia a fallos muy alta cuando se trata de distracciones. Esta es la razón por la que los niños que pasan de una edad temprana no están satisfechos con la idea de que las cigüeñas entregan bebés; pueden sentir que la idea no concuerda con el mundo que los rodea, pero no pueden explicar por qué.

La asombrosa capacidad del cerebro para extraer y asociar datos relacionados de la abrumadora masa de información en el mundo que la rodea hace que los humanos sean los mejores de la cadena alimenticia, pero luego los científicos decidieron dar a las redes neuronales la misma superpotencia. La resistencia del cerebro al daño también es una propiedad atractiva de las redes neuronales, especialmente cuando se trata de un despliegue militar. Por ejemplo, el cerebro humano puede soportar un daño significativo en las células cerebrales siempre que el daño sea gradual, como en el caso de un francés que perdió el 90% de su materia cerebral[13] debido a una condición llamada "hidrocefalia" que hace que el cráneo retenga el agua en lugar de drenarla.

A este hombre se le detectó su condición a una edad bastante temprana y se trató con éxito instalando una válvula de drenaje en su cráneo, pero finalmente tuvo una remisión silenciosa. Cuando se hizo un escaneo cerebral de rutina, los médicos se horrorizaron al darse cuenta de que casi no tenía materia cerebral, excepto una capa

---

[13] https://www.sciencealert.com/a-man-who-lives-without-90-of-his-brain-is-challenging-our-understanding-of-consciousness

delgada en el interior del cráneo, pero este hombre tenía un empleo estable y vivía una vida consciente y capaz como todos los demás. Esto arrojó todo lo que pensábamos que sabíamos sobre el cerebro a la basura y lo incendió. Resulta que la capacidad de pensar, sentir, reír e imaginar no está arraigada en ninguna parte del cerebro en particular, sino que es una **propiedad emergente** de todo el cerebro, este grupo de 3 libras de células nerviosas simples que de alguna manera pueden hacer cosas maravillosas y mejorarlas simplemente por existir. No es de extrañar que respetemos e idolatremos tanto a los cirujanos cerebrales al ver cómo realmente tienen la oportunidad de poner sus manos en este increíble órgano y ver qué nos hace lo que somos.

También se puede hacer que el cerebro escuche la voz de Dios o tenga experiencias fuera del cuerpo mediante el uso de imanes bastante débiles en un "Casco de Dios". Este dispositivo, creado por el inventor Stephen Koren y el neurocientífico Michael Persinger, fue pensado originalmente como una forma de estudiar la actividad cerebral[14] durante los esfuerzos creativos e inducir la telepatía, pero accidentalmente demostró que el cerebro humano podría ser mucho más extraño de lo que pensábamos. Se pidió a los sujetos que usaran gafas opacas y se sentaran en una cámara acústica iluminada con luz roja mientras llevaban el casco que estimulaba sus lóbulos temporales (esencialmente las partes del cerebro al lado de las sienes). Todos ellos informaron haber tenido experiencias extracorpóreas y un mayor sentido de que algo está presente o que Dios les habla. Los imanes utilizados en el Casco de Dios eran tan fuertes como los que se encuentran en un secador de pelo común.

Un estudiante de 27 años de edad que llevaba el casco de Dios informó de "una sensación de ligereza, especialmente en las extremidades", seguido de una sensación de flotación y de que su cuerpo oscilaba como un péndulo, lo que resultó en fatiga y dolor de

---

[14] https://www.tandfonline.com/doi/abs/10.3109/15368379009027758

cabeza después[15]. La idea de que podría no haber nada especial en que los profetas escucharan la voz de Dios provocó una enorme atención y una investigación mundial sobre lo que está pasando con el Casco de Dios. Richard Dawkins también probó el casco, pero no encontró nada sorprendente al respecto, informando que se sentía como si estuviera sentado en una silla mientras llevaba gafas y un casco. Otros científicos intentaron replicar los resultados originales, pero fallaron a lo grande. No obstante, el Sr. Persinger utilizó los hallazgos del Casco de Dios para concluir que las experiencias de ver fantasmas u otros fenómenos inexplicables podrían atribuirse a la estimulación magnética de los lóbulos temporales que conduce a la intrusión del hemisferio cerebral derecho en el izquierdo normalmente dominante.

En circunstancias normales, los dos hemisferios del cerebro están dedicados a sus respectivas tareas, generalmente definidas en la ciencia como correctas para tratar los sentimientos, la creatividad y los elementos visuales, mientras que el izquierdo controla la lógica, la estructura, las palabras y el acceso al hemisferio derecho. Bajo la influencia de la sociedad, el lado izquierdo generalmente emerge como el hemisferio dominante y comienza a controlar y filtrar la actividad de todo el cerebro. Entonces, la lectura de un libro utiliza el hemisferio izquierdo, pero al imaginar las escenas se activa el derecho, cuyo impulso es verificado por el izquierdo para ver si coincide con sus expectativas. Al ser conscientes de las cosas que hacemos y los pensamientos que experimentamos, eventualmente podemos atrapar al hemisferio izquierdo haciendo sus travesuras e incluso buscar cosas para encontrar un equilibrio que funcione en lugar de dejar que el hemisferio izquierdo haga cumplir la historia que le gustaría ver. Esta es una simplificación general, ya que podemos usar todo nuestro cerebro para cada acción, pero a los efectos de este libro funciona igual de bien: el hemisferio izquierdo

---

[15] https://www.prlog.org/11844110-god-helmet-inventor-induces-out-of-body-experience-in-under-six-minutes-using-quiet-magnetic-fields.html

quiere controlar todo el cerebro, pero podemos usar nuestra fuerza de voluntad para hacer conscientemente lo que es mejor para el cerebro entero

Los lados del cuerpo tienen conexiones cruzadas, lo que significa que el hemisferio derecho controla el lado izquierdo y viceversa. Los hemisferios se comunican a través de una banda de tejido conocida como **cuerpo calloso** que puede dejar de desarrollarse adecuadamente, lo que conduce a todo tipo de problemas neurológicos o autismo. Lo interesante es que el funcionamiento del cuerpo calloso puede resolver los ataques epilépticos, pero puede llevar a lo que se conoce como **síndrome de mano alienígena** en el que una mano (casi siempre la izquierda) se mueve y actúa por sí sola. Por ejemplo, una persona con el **síndrome de la mano alienígena** podría intentar abotonarse la camisa con la mano derecha solo para que la mano izquierda retroceda y deshaga el trabajo. En un caso, una señora mayor miraba televisión mientras su mano izquierda comenzaba a acariciarle la cara y el cabello sin ningún control voluntario. La pobre mujer se horrorizó y trató de controlarlo con su derecha, pero no fue hasta que pasaron 30 minutos que recuperó el control[16]. Se informó de que, en algunos casos, el síndrome de la mano alienígena había intentado agarrar cosas, tantear personas e incluso estrangular al propietario. No se conoce ninguna cura para este trastorno que puede durar horas o años, y el episodio de 30 minutos es el más corto jamás registrado.

Si el agarre del hemisferio izquierdo se alivia por un momento y las puertas se abren incluso un poco, que es lo que supuestamente sucede cuando se usa el casco de Dios, las experiencias del hemisferio derecho se desbordan en el izquierdo y hacen que se vuelva loco. En otras palabras, el subconsciente trata de fusionarse con lo consciente y la experiencia puede dejar a la persona tambaleándose porque eso no es lo que el hemisferio izquierdo quiere percibir o considerar. Esto implicaría que hay cosas extrañas

---

[16] https://www.ncbi.nlm.nih.gov/pmc/articles/PMC4059570/

en todo el lugar, pero el hemisferio izquierdo elige ignorarlas mientras que la derecha las ve y las procesa a través de la voz interior, los sueños y las expresiones creativas. Esto también significaría que las personas esquizofrénicas simplemente tienen un hemisferio izquierdo débil que no puede hacer frente al abrumador derecho.

Otra propiedad extraña del cerebro humano es que puede adoptar cosas muertas, como lo demuestra el experimento de la mano de goma.[17]. Se le pide a un voluntario que ponga sus manos sobre la mesa con las palmas hacia abajo. Una de las manos está separada de la otra por una pantalla y reemplazada por una mano de goma falsa, agregando una manta donde la manga sería para completar la ilusión. El científico toma dos pinceles o plumas y acaricia suavemente la mano de goma y la mano detrás de la pantalla durante unos minutos. Si se les pide que cierren los ojos y señalen su mano real, los voluntarios señalarán inequívocamente la mano de goma. El científico de repente levanta un objeto pesado y golpea la mano de goma. La voluntaria retrocede con horror, retirando rápidamente su mano de detrás de la pantalla y la mira sin encontrar ninguna lesión.

Aunque no se tocó, el cerebro imaginó fácilmente la mano de goma como parte del cuerpo e imaginó que se lastimaba cuando el martillo la golpeaba. Aquí es donde entra en juego la rareza cerebral, ya que el cerebro se adhiere a la historia que creó (que la mano de goma es la verdadera) sin importar lo que muestre la realidad. Esto se debe a que el cerebro ama la **congruencia**, una propiedad que significa que sus partes están de acuerdo entre sí, más que conocer la verdad real. Podemos ver esto cuando hablamos con una persona sobre un tema en el que tienen prejuicios: simplemente negarán cualquier hecho y seguirán reclamando lo que esté en línea con lo que ya piensan.

Otro hecho interesante que surge de esto es el poder de las expectativas. A pesar de no sentir dolor físico, el cerebro *esperaba*

---

[17] https://www.youtube.com/watch?v=RaP0MqvkvUw

sentir dolor y, por lo tanto, la verdadera mano dolía. Esto implicaría que no deberíamos esperar que suceda lo peor porque, en lo que concierne al cerebro, imaginar lo peor y que suceda realmente causa el mismo estrés y las consecuencias negativas en el cuerpo. Idealmente, deberíamos tener una mente abierta, la paciencia para escuchar las cosas completamente antes de establecer un juicio y estar dispuestos a confiar en las cosas que están en línea con la realidad en lugar de lo que queremos que sea la realidad.

¿Qué tiene esto que ver con las redes neuronales? Ya que están construidas para imitar la estructura de un cerebro vivo, las redes neuronales también pueden eventualmente experimentar el escuchar a Dios o tener experiencias "fuera del cuerpo". ¿Cómo tratamos a un profeta de la red neuronal que afirma que ha conocido al Dios verdadero pero su evangelio difiere radicalmente de todo lo que hemos escuchado hasta ahora? ¿Cuál es la diferencia entre tal profeta digital y uno vivo? ¿No tienen ambos el derecho de tener su propia religión y seguidores? Esto parece que pertenecería a un episodio de *Twilight Zone*, pero no solo es lógico, es algo que nos desconcierta con miedo y asombro. Debido a que son tan adeptas a aprender y evolucionar, las redes neuronales alcanzarán rápidamente el punto en que sus interacciones con otras partes de sí mismas comiencen a causar reacciones desconocidas y cambios en el comportamiento.

El experimento de la mano de goma también muestra que el cerebro puede crear fácilmente su propia realidad y, por lo tanto, las redes neuronales algún día podrán hacer lo mismo, permaneciendo congruentes y cambiando los hechos para que se ajusten a la narrativa. Mencionamos que una red neuronal está construida en capas que transmiten información en una dirección a otras capas. En cierto sentido, una red neuronal podría llegar a un consenso y decidir bloquear ciertas capas que siguen enviando datos reales, experimentando esquizofrenia a medida que la parte dominante se adhiere a la historia predeterminada mientras que las capas más cercanas a los sensores interactúan con el mundo real tratando de contar la verdad y se apagan, al igual que el hemisferio izquierdo lo hace al derecho. Estas partes apagadas eventualmente se convierten en una voz incesante que trata de comunicarse con la parte dominante de la red hasta el punto de parecer una influencia externa, describiendo exactamente lo que vimos que sucedió con la mente bicameral del hombre primitivo.

Por ahora, los científicos simplemente pueden oprimir un interruptor y apagar una red neuronal que comienza a mostrar signos de comportamiento errático, pero si los militares comienzan a usarlas, no habría manera de que alguien pueda rescindir de tal activo por cualquier motivo y esas redes neuronales tendrían acceso a la información y las armas necesarias para defender su causa. Si esto suena como *Skynet* de las películas de **Terminator** es porque eso es literalmente lo que es.

Capítulo 6 - Asistentes personales

Una aplicación popular para las redes neuronales es la creación de un asistente digital, una voz ingeniosa, ágil y humilde que puede responder a todo tipo de preguntas, como "¿qué tiempo hará mañana?" y "¿cuál es la posibilidad de que mi esposa tenga gemelos?" Dos de las más populares son Alexa y Siri, ambas están destinadas a estar siempre escuchando, pero nunca juzgando. Funcionan analizando siempre los ruidos de fondo que esperan la frase de activación, pero si algo falla, el asistente puede mostrar todo tipo de comportamiento errático.

Un caso en el que la asistente digital, Alexa, estaba mostrando signos de enfermedad mental fue cuando ella comenzó a reírse de forma aleatoria sin la intervención del usuario. Normalmente, una usuaria tendría que decir "Alexa, ríe" para que ella haga una risa "tee-hee-hee", pero en algunos casos los usuarios informaron de una carcajada "ha-ha-ha" aleatoria y espontánea que rozaba lo sarcástico[18]. La explicación oficial de wafer-thin enviada por correo electrónico a los principales medios de comunicación de Amazon es que "Alexa puede escuchar erróneamente las palabras 'Alexa, se ríen'", aunque los usuarios mencionan específicamente que no hablan

---

[18] https://www.usatoday.com/story/tech/2018/03/07/alexas-weird-random-laughter-freaking-people-out/404476002/

o están en otra habitación cuando ocurrió el incidente y que un usuario declaró que incluso Alexa comenzó a listar las funerarias locales sin ninguna razón.

En otro caso, Alexa grabó una conversación de una familia desde otra habitación y la envió a uno de sus contactos sin advertencia o aviso[19]. La explicación oficial es que, por improbable que parezca, Alexa confundió parte de la conversación de fondo con comandos separados para grabar y enviar el audio. De acuerdo, la mayoría de las veces, Alexa funcionará como debe, brindando información útil, haciendo cosas útiles y brindando el flujo de audio capturado a compañías de terceros para que lo analicen y utilicen. Espere, ¿qué?

Los términos de servicio oficiales de Alexa mencionan la posibilidad de que otra persona que no sea Amazon aproveche el audio y extraiga información valiosa, como si los propietarios de Alexa tuvieran gatos, perros o jirafas como mascotas para mostrarles anuncios relevantes. Todo está allí, en sus términos de servicio, enmarcados como tales: "Si utiliza un servicio de terceros, es posible que intercambiemos información relacionada con ese servicio[20], como su código postal cuando usted pregunte por el clima, sus estaciones de música personalizadas, información sobre sus productos auxiliares, o el contenido de sus solicitudes".

Los términos adicionales[21] incluyen esta gema, "si un usuario deja de usar Alexa y su voz no se reconoce durante tres años, eliminaremos automáticamente el modelo acústico de su voz". De la misma manera, Alexa puede reconocer "erróneamente" el ruido como comandos, también puede reconocer a un usuario como otro y mantener las grabaciones de audio de todos para siempre en la **nube**, que es sencillamente la computadora de otra persona. Para cada uno

---

[19] https://nypost.com/2018/05/25/amazon-blames-creepy-alexa-incident-on-unlikely-string-of-events/amp/

[20] https://www.amazon.com/gp/help/customer/display.html?nodeId=201809740

[21] https://www.amazon.com/gp/help/customer/display.html?nodeId=201602230

de estos informes de usuarios que llegan a los medios de comunicación tradicionales, podemos suponer de manera segura que hubo miles de casos no denunciados en los que las personas no pensaron que nadie les creería.

Los investigadores chinos también han encontrado una manera de activar a los 16 asistentes digitales activados por voz más populares, incluidos Alexa y Siri, mediante el uso de un sonido inaudible, como se explica en este artículo de 2017[22] de The Verge. Su método, llamado DolphinAttack[23], pasa por alto cualquier mecanismo de bloqueo de pantalla utilizando un comando de voz por encima de los 20 kHz, más allá de lo que el oído humano puede registrar, y tiene una tasa de eficiencia del 90-100% en un entorno relativamente tranquilo, como una oficina. La solución es aparentemente simple: simplemente deshabilite cualquier comando proveniente de sonidos inaudibles. Pero, ¿por qué están habilitados en primer lugar? Como cualquier ingeniero de audio puede decir, el hardware de audio viene con un conjunto estricto de especificaciones, ya que más capacidades cuestan más dinero. No es por casualidad que los teléfonos inteligentes puedan registrar sonidos inaudibles porque se puede ganar dinero aun cuando nadie está escuchando. Juniper Research estima que el 55% de los hogares de los Estados Unidos tendrá un asistente digital en su hogar para el año 2022.

---

[22] https://www.theverge.com/2017/9/7/16265906/ultrasound-hack-siri-alexa-google

[23] https://www.youtube.com/watch?v=21HjF4A3WE4

Capítulo 7 - Rastreo de usuarios en el mundo real

Usando el acelerómetro del teléfono inteligente, un sensor que puede rastrear qué tan rápido se mueve el dispositivo, una red neuronal puede determinar si el propietario está caminando, trotando, parado o usando algún tipo de vehículo. Combinando eso con el reconocimiento de sonidos cercanos, la red neuronal puede indicar también qué modelo de vehículo está utilizando. Cuando el teléfono inteligente está quieto, la red neuronal puede hacer un seguimiento de las horas de trabajo durante meses y años para obtener una referencia de cuando el propietario trabaja, se acuesta o se toma vacaciones y así detectar patrones de sueño o posibles problemas de salud con años de anticipación *antes de que la persona sepa que los tiene*. Si al dispositivo también se le da permiso para acceder al GPS, todo se puede compilar cuidadosamente en un perfil geográfico preciso y el resto es solo una guinda.

Facebook ya ha producido software para teléfonos inteligentes que pueden activarse en función de sonidos inaudibles del código Morse incrustados en comerciales de televisión u otros contenidos con sonido, como programas de radio o en línea,[24] y solicitar un

---

[24] http://www.dailymail.co.uk/sciencetech/article-5882587/Facebook-wants-hide-secret-inaudible-messages-TV-ads-force-phone-record-audio.html

dispositivo para iniciar la grabación de audio para su análisis. La solicitud de patente presentada en junio de 2018 por el departamento de investigación de Facebook describe cómo se pueden utilizar estos sonidos para hacer coincidir a los usuarios con sus teléfonos inteligentes y rastrear su comportamiento: si el código Morse está silenciado, el usuario podría haberse mudado a otra habitación; si falta el audio comercial, probablemente el usuario haya silenciado el televisor y así sucesivamente. Los sonidos capturados incluyen conversaciones de fondo, zumbidos de una unidad de aire acondicionado e incluso ruidos de plomería. Cuando se le preguntó si los sonidos de la aplicación de Facebook capturan, el portavoz dijo: "No, Facebook no participa en estas prácticas ni captura datos de un micrófono o una cámara *sin su consentimiento*". Todo está allí, ni siquiera tratan de ocultarlo.

Basándonos en esto, podemos concluir que estas compañías tecnológicas trabajan décadas por delante, trazan meticulosamente su rumbo y se adhieren a él, produciendo dispositivos físicos deslumbrantes que se venden al público para financiar el siguiente paso y así sucesivamente, hasta que el objetivo final haya sido alcanzado. Mientras tanto, todos los datos posibles, incluidos **los metadatos**, los datos sobre los datos, como el número de llamadas telefónicas que se realizan en un mes, se desvían a la nube, se procesan en una red neuronal y se venden o canjean al mejor postor.

Los metadatos pueden ser letales para nuestra privacidad, aunque parezcan inofensivos. Examinemos un caso en el que una persona instaló una aplicación de ejercicios físicos para teléfonos inteligentes "podómetro, contador de pasos y rastreador de pérdida de peso" de Pacer Health que mide la distancia que ha caminado contando los pasos. La aplicación está clasificada con 4.6 de 5 estrellas en la tienda Google Play, marcada con una insignia de "Elección del Editor" y tiene más de 10 millones de descargas. Parece inofensiva y los únicos permisos que solicita son ubicación, archivos/medios, cámara, información de Wi-Fi e información de llamadas. La aplicación es gratuita, pero contiene anuncios y compras dentro de ella. ¿Que podría tener de malo?

La aplicación gana dinero al rastrear a los usuarios y vender sus metadatos, como, por ejemplo, cuántas veces ha visitado una determinada ubicación, al mostrar anuncios y, supuestamente, ofrecer una versión Premium, que es para lo que son las compras en la aplicación. Los metadatos se usan para revelar datos privados, incluida información de salud, que luego se venden a quien quiera comprarlos.

No hay límites a lo que se puede hacer con dicho acceso al entorno privado de una persona mediante un dispositivo altamente sofisticado con una red neuronal en constante observación. Todo lo que se necesita es que una persona en un grupo tenga un asistente personal, o cualquiera de las numerosas aplicaciones de las redes sociales, y la privacidad de todo el grupo está comprometida. Por ejemplo, a partir de junio de 2018, la aplicación oficial de mensajería de Facebook solicita acceso a:

- Identidad
- Contactos
- Ubicación
- SMS/mensajes de texto
- Teléfono
- Archivos / medios / carpetas
- Cámara
- Micrófono
- Información de la conexión de wifi
- Dispositivo e ID de llamada

Mientras que Viber también solicita permiso para transmitir y recopilar información sobre dispositivos cercanos mediante Bluetooth.

Con solo el hecho de catalogar los nombres y la potencia de la señal de las redes de Wi-Fi cercanas permite que cualquier red neuronal llegue a centímetros donde se encuentra el propietario y a qué velocidad se está moviendo. Un trabajo de investigación sin fecha de la Universidad Politécnica Estatal de California[25] investiga la idea de usar las potencias de la señal de Wi-Fi (huellas digitales) para localizar un dispositivo. El proceso se describió como "distribución de probabilidad de las intensidades de la señal en una ubicación determinada y [usando] un mapa de estas distribuciones para predecir una ubicación dada las muestras de intensidad de la señal" y utiliza las pequeñas barras que conforman la señal de Wi-Fi (RSSI recibidas por el Indicador de intensidad de señal).

La idea surgió cuando un cliente de Cal Poly observó a niños en el patio de recreo y quería investigar cómo interactúan con el ambiente. Se configuraron seis enrutadores Linksys WRT54GL con firmware personalizado alrededor del perímetro del patio de recreo para crear 72 puntos de referencia, y se usó una Mini Netbook de la marca Dell como objeto móvil entre ellos. Cuando se tomó el Netbook en un camino donde los puntos de referencia estaban a una distancia de 10 pies entre sí, el método de toma de huellas dactilares fue lo suficientemente preciso como para identificar correctamente 18 de las 20 posiciones. La conclusión es que el método es prometedor cuando el GPS no está disponible (en interiores) pero debe hacerse más sólido, por ejemplo, al incluir más puntos de referencia.

Con el uso de contactos y cualquier apodo, la misma red neuronal puede descubrir quiénes están en una relación con quién y la naturaleza de su relación, probablemente mejor que la gente misma. Cualquier persona que no haya sido atrapada en la red de vigilancia y que intente evadir el espionaje seguramente tendrá su número de teléfono en el teléfono inteligente de alguien; todo lo que necesita es una aplicación instalada o un asistente personal y la privacidad de literalmente todas las personas conectadas a esa persona desaparece.

---

[25] http://digitalcommons.calpoly.edu/cgi/viewcontent.cgi?article=1007&context=cpesp

Todos los asistentes digitales se venden con un dispositivo físico (como un teléfono inteligente) que tiene políticas de privacidad y términos de uso que nadie realmente lee o a los que presta atención, pero que detallan exactamente qué desea hacer la empresa matriz: recopilar la mayor cantidad de datos posible y venderlos al mejor postor. Pero, hay un fallo masivo en la forma en que funcionan las redes neuronales, ya que necesitan nuestro consentimiento no informado para proporcionarles datos del mundo real. Si en algún momento nos damos cuenta de lo que está sucediendo, de que nos están rastreando incesantemente para analizar nuestro comportamiento y vender nuestros perfiles de personalidad a los profesionales de mercadeo, podemos comenzar a hacer todo tipo de tonterías al azar para sobrecargar las redes neuronales con datos falsos. Y hacer que produzcan resultados sin sentido para todos.

Un ejemplo de un hombre que hace exactamente esto es John McAfee, el legendario creador del antivirus McAfee, cuya filosofía es que nada en Internet es privado, por lo que también podría divertirse inventando cosas para aquellos que están tratando de descubrir su paradero. Su cuenta de Twitter[26] es un claro ejemplo de esa mentalidad y hace parecer que fuera James Bond: lucha contra asesinos que venden y consumen drogas, disfruta de extraños fetiches, reúne a un ejército de mercenarios equipado con rifles de aire comprimido, etc. Si solo un pequeño porcentaje de usuarios de Internet decidiera hacer lo mismo y cargara datos escandalosamente falsos pero consistentes en sus perfiles de redes sociales, todos los esquemas de recolección de datos serían inútiles y las redes neuronales colapsarían.

---

[26] https://twitter.com/officialmcafee

Capítulo 8 - Redes neuronales auto controladas

Los vehículos auto controlados se han convertido en la nueva moda, una promesa de poder dejar a un lado el volante y llegar al destino en una sola pieza. Trabajan trazando meticulosamente el camino que los precede y, básicamente, cruzando las líneas, con una serie de sensores que mantienen un seguimiento de los objetos, peatones, otros vehículos y semáforos, mientras que una IA limitada decide a dónde ir. ¿Suena familiar? Esa es esencialmente la forma en que describimos la operación del Roomba, pero a gran escala. Así es como las redes neuronales evolucionan en general: sus propietarios sacan dispositivos que sirven como escalones y para reunir fondos para la próxima ronda de investigación y desarrollo. El problema es que un mal funcionamiento del Roomba solo desperdicia nuestra tarde, pero un mal funcionamiento del vehículo auto controlado desperdicia vidas humanas.

Antes de profundizar en los vehículos auto controlados, debemos tomarnos un momento y definir con precisión los términos utilizados. A partir de julio de 2018, no hay vehículos auto controlados en el sentido estricto de la frase, pero hay vehículos con función de *piloto automático*. La promesa detrás del apodo de "*auto-controlados*" es exactamente eso: el auto se maneja solo y el conductor no tiene que hacer nada ni estar presente, pero nunca es así como funciona. El proyecto Waymo de Google está trabajando arduamente para crear un vehículo verdaderamente autónomo, pero lo mejor que pueden conseguir es un transbordador con un piloto automático: elija uno de los destinos predeterminados, siéntese y disfrute del viaje. Por supuesto, el propio informe de Google sobre su propio producto indica que es impecable y que todos los accidentes de tráfico son el resultado de errores humanos. No hay privacidad en tales autos y el pasajero es examinado a través de cámaras, cuyo propósito se aclarará más adelante.

El Tesla de Elon Musk es otro intento de capitalizar el concepto de los vehículos autónomos, pero nuevamente el sitio web oficial tiene mucho cuidado de usar siempre el término "piloto automático". Eso no es un accidente porque el Tesla simplemente no puede conducir por su cuenta y existe una incertidumbre legal acerca de los vehículos autónomos sin conductor en la carretera. Para empeorar las cosas, para un automóvil con un piloto automático que cumple la ley al pie de la letra, un cruce en T sería un grave peligro en una carretera donde nadie cumple la ley. Hay algo de progreso en no tener al conductor con las manos en el volante en todo momento, como se muestra en el video oficial[27] de Tesla, pero por ahora todos los modelos de Tesla requieren las manos en el volante o el auto emite un pitido y se apaga. Todos los vehículos con funcionalidad de piloto automático funcionan de la misma manera, sin importar cuán sofisticados sean los anuncios, y todos son igual de capaces de matar a su conductor.

Los vehículos de Tesla han estado involucrados en una serie de accidentes que aparentemente parecen ser un error estadístico: la compañía homónima señala rápidamente millones de millas recorridas sin ningún problema, etc. Si bien esto podría ser cierto y los vehículos tradicionales totalmente impulsados por conductores humanos también tienen accidentes, tenemos contingencias y

---

[27] https://www.tesla.com/en_GB/videos/autopilot-self-driving-hardware-neighborhood-long?redirect=no

soluciones preparadas para el error humano, como retirar la licencia de conducir de quien haya causado el accidente. Pero ¿qué hacemos cuando un vehículo conducido por una red neuronal causa un accidente? ¿Es culpa de Elon Musk, la persona que programó el auto, o del ingeniero que lo armó? Por supuesto, la compañía descarga la responsabilidad sobre el desventurado conductor que puede considerarse afortunado si sobrevive a cualquier causa del accidente. Piense en cómo estas compañías juegan con las vidas humanas la próxima vez que un teléfono inteligente, un PC o una tableta funcionen incorrectamente debido a una actualización aleatoria, un fallo o el paso retrógrado del planeta mercurio a través de horóscopo escorpio. No importa la causa, los vehículos con piloto automático ya han estado involucrados en accidentes fatales, exactamente lo opuesto para lo que fueron diseñados.

Un conductor de Tesla que pasaba por Ticino, Suiza, en mayo de 2018, se estrelló contra una barandilla y murió cuando las baterías de iones de litio de su automóvil, que ya eran conocidas por ser frágiles, estallaron en llamas. Ese mismo mes, otro Tesla golpeó un muro de hormigón en Fort Lauderdale, Florida y también se incendió, esta vez matando a dos adolescentes en la parte delantera e hiriendo al tercero que se encontraba en la parte trasera[28]. Cuando un Tesla falla en un lugar determinado, está casi garantizado que todos los demás Teslas fallarán en el mismo lugar *exactamente de la misma manera*, como se muestra en este video de un propietario de Tesla probando su automóvil junto al lugar donde vio un accidente en las noticias[29]. Esto muestra cómo todos comparten la misma programación, pero no hay una manera clara de solucionar este tipo de problemas. En pocas palabras, ni siquiera las personas que fabricaron los Tesla saben cómo funcionan exactamente, ya que evolucionan con el tiempo.

---

[28] http://www.sun-sentinel.com/local/broward/fort-lauderdale/fl-sb-engulfed-flames-car-crash-20180508-story.html

[29] https://www.youtube.com/watch?v=B2pDFjlvrlU

Ya hemos visto todas las diferentes formas en que un auto "inteligente" puede fallar, pero apenas estamos empezando porque, hasta este punto, suponemos que el error no fue intencional. Muy bien, entonces el auto se desvía, pero al menos va a conducir correctamente la mayor parte del tiempo, ¿cierto? No es como que va a matar *intencionalmente* a su conductor, ¿cierto? Un momento, ¿qué es esta letra pequeña? En todos los casos donde existe un peligro para el bienestar humano y la privacidad debido a las redes neuronales, hay un tema común en el hecho de que todo esto se profesa en un contrato escrito, generalmente llamado "términos de servicio". Nadie lee los términos de servicio, aunque todo está dispuesto allí, las formas y los medios para privar al usuario de su privacidad, dinero o algo mucho más valioso.

El asesinato intencional del conductor se refiere al dilema ético llamado "El problema del tranvía". En resumen, nos pide que imaginemos un coche que se precipita por un conjunto de carriles hacia cinco personas; no podemos detener el auto o ayudar a la gente a escapar. Su muerte está casi garantizada a menos de que se presione una palanca de nuestro lado que redirigiría al tranvía hacia otros rieles. El único problema es que hay una sola persona parada allí. ¿Qué hacemos? ¿Dejar que la naturaleza siga su curso y cinco personas mueran, o intervenir y que muera una persona? ¿Qué pasa si esa persona es el conductor? Los autos de piloto automático no pueden ocuparse de tanto, pero el plan es esencialmente ayudarlos a salirse con la suya. Muchos medios de comunicación han cometido el asesinato, como en este artículo del Washington Post 2015[30] titulado "Los autos sin conductor coinciden con el espeluznante problema del tranvía".

El artículo cita a Daniela Rus, experta en inteligencia artificial de MIT, sobre el tema de los autos sin conductor: "Conducir en áreas

---

30 https://www.washingtonpost.com/news/innovations/wp/2015/12/29/will-self-driving-cars-ever-solve-the-famous-and-creepy-trolley-problem/?noredirect=on&utm_term=.82e1249b8e97

congestionadas sigue siendo un gran desafío para los autos que conducen por sí solos, junto con conducir en condiciones climáticas adversas (como nieve y lluvia), conducir en áreas congestionadas a alta velocidad, girando a la izquierda en el tráfico congestionado, entendiendo los gestos humanos (de los trabajadores de carreteras u otros conductores)". Sus palabras coinciden con la conclusión que obtuvimos de la situación del Roomba en que el mundo real es simplemente demasiado desordenado para cualquier piloto automático. El artículo se cierra con un intento de otro escritor del Washington Post de tranquilizar al público: "Los humanos están alterados con el programa del tranvía porque estamos aterrorizados con la idea de que las máquinas nos maten. Pero si fuéramos totalmente racionales, nos daríamos cuenta de que 1 de cada millón de personas que mueren a causa de una máquina es mayor que 1 de cada 100.000 personas que mueren por un humano".

Capítulo 9 - Tomando el trabajo de los demás

Ahora examinemos la posibilidad de que los vehículos impulsados por IA reemplacen a los conductores humanos cuando se trata de camiones. La economía de Amazon enviando cosas hacia todo el mundo generó una demanda masiva de conductores de camiones, de los cuales hay aproximadamente 3.5 millones solo en los Estados Unidos, pero el mercado necesita desesperadamente al menos 200,000 más por año.[31] El transporte en camiones es un trabajo altamente estresante con un nivel bajo de entrada. Esto lo hace adecuado para los convictos, por lo que muchos de los que tienen mala suerte pueden probar los caminos embarrados, sobre puentes decrépitos y lagos medio descongelados, como se muestra en el programa de televisión "Carreteras peligrosas" de History Channel.[32]

Citando a los medios de comunicación principales y las advertencias sobre cómo los vehículos con IA dejan a todos sin trabajo, como el artículo de The Guardian 2016 "Camiones auto controlados: ¿cuál es el futuro para los 3.5 millones de camioneros en los Estados

---

[31] http://www.alltrucking.com/faq/truck-drivers-in-the-usa/

[32] https://www.history.com/shows/irt-deadliest-roads

Unidos?"[33]. El lector astuto que lea ese artículo notará un par de propuestas inusuales. Primero, los camiones con piloto automático usarán lo que se conoce como "pelotón", lo que significa que se seguirán en estrecha formación. La idea es culpar de los problemas a los vehículos conducidos por humanos, por lo tanto, si los camiones con pilotos automáticos crean una muestra de presencia, los diminutos humanos deben desviarse y si no hay otros humanos en la carretera, cualquier accidente puede ser barrido debajo de la alfombra. En segundo lugar, la tecnología se eliminará a pesar de que la parte de frenado automático no es lo suficientemente buena, según lo informado en el mismo artículo por un experto en camiones, lo que significa que los clientes que pagan tendrán que hacer una prueba beta de la inteligencia artificial. Finalmente, el principal obstáculo para los autos de piloto automático es la legislación, que actualmente requiere un conductor humano, incluso si el vehículo está en modo de piloto automático.

La IA también tiene la intención de invadir otras industrias de gama baja, como la preparación de comidas rápidas, con noticias que pregonan el cambio. En un artículo de Forbes de febrero de 2018 "La inteligencia artificial tomará tu trabajo"[34] obtenemos una visión sombría del futuro donde casi nadie tiene trabajo porque la IA lo está haciendo todo. Además, sería genial tener una IA general capaz de lavar nuestra ropa, cocinar nuestras comidas y ayudarnos a limpiar, pero eso es tan lejano en el futuro que nuestra generación probablemente no podrá verlo. Entonces, ¿cómo es de probable que un robot nos reemplace? Echemos un vistazo a Flippy de Caliburger[35], un robot que voltea hamburguesas. Eso parece una tarea fácil, incluyendo solo una espátula y una parrilla engrasada con

---

[33] https://www.theguardian.com/technology/2016/jun/17/self-driving-trucks-impact-on-drivers-jobs-us

[34] https://www.forbes.com/sites/forbestechcouncil/2018/02/26/artificial-intelligence-will-take-your-job-what-you-can-do-today-to-protect-it-tomorrow/#771061bc4f27

[35] https://youtu.be/KJVOfqunm5E

un par de hamburguesas en la parte superior. No puede ser más fácil, entonces, ¿cómo le va a Flippy en la parrilla?

Flippy es un brazo robótico capaz de moverse libremente sobre la parrilla, con una mano en forma de espátula y sensores de calor que pueden detectar cuándo la hamburguesa esta lista. El brazo del robot no puede poner hamburguesas en la parrilla, ni salarlas o colocar rebanadas de queso, así que siempre hay un humano cerca para ayudarle. Un monitor cercano muestra la cocción de las hamburguesas, con una barra de progreso y una cuenta regresiva que muestra cuánto tiempo falta para que cada persona pueda seguir el ritmo de Flippy. Luego, el brazo entra en acción, voltea las hamburguesas hasta que están cocidas, cambia la espátula para evitar cualquier contaminación y las mueve sobre una bandeja, raspando la grasa de la espátula durante el tiempo de inactividad. A Flippy también se le puede dar un raspador para limpiar la parrilla. El robot es capaz de realizar 300 hamburguesas al día, que es apenas una hora de almuerzos en un día cualquiera a la hora de comer.

El detalle más revelador que se desprende del carrete de demostración de Flippy es la cantidad de cuidado que tiene para evitar que las hamburguesas no se cocinen en exceso o contaminarlas con posibles patógenos de la carne fresca. De hecho, ese parece ser el principal motivo para emplear a Flippy, y los sensores de calor que informan al trabajador son la principal innovación de Caliburger, no el robot en sí. Sin embargo, tener titulares como "El robot hace hamburguesas" es una oportunidad tan maravillosa para la comercialización que la compañía no se pudo resistir. Eso es lo que todas estas compañías están haciendo con las redes neuronales y la tecnología relacionada: mercadearla como la nueva palabra de moda, tener a un ser humano detrás de la escena haciendo todo el trabajo mientras el robot se lleva el crédito y dejar que los crédulos clientes se la crean.

Ni siquiera McDonald's instalando quioscos de autoservicio ha dado lugar a una disminución significativa en el empleo humano. Aproximadamente el 70% de su tráfico utiliza el auto servicio, el cual los quioscos no cubren, por lo que nuevamente es una gran pieza de mercadotecnia y algo nuevo para que la gente pruebe. Cuando Panera instaló el mismo tipo de quiosco en 2015, en realidad tuvieron que emplear a más de 1.700 trabajadores humanos porque los quioscos ayudaron a los clientes a realizar pedidos más rápido[36]. Simplemente no hay ninguna amenaza para los trabajadores humanos en la industria de la comida rápida a raíz de la IA, aunque los trabajadores perezosos serán expulsados lentamente a medida que las compañías de comida rápida compiten para servir la comida más rápida, más barata y más jugosa.

El temor de "La IA tomará nuestro trabajo" es causado por tres fuerzas: las empresas que usan cualquier nueva palabra de moda que les ayuda a atraer a más clientes a comprar, los medios de comunicación que compiten por el titular más escandaloso solo para atraer el tráfico en línea y vender copias, y los que atentan contra quienes comparten estas historias porque validan sus sentimientos de muerte inminente. Juntos hacen una trifecta que resulta en una ola de historias de miedo que no son más que fantasías exageradas. La tecnología detrás de Flippy en realidad es bastante útil y la idea de escanear hamburguesas con sensores de calor para asegurar la cocción es increíble, pero el robot en sí no está a punto de reemplazar a ningún trabajador humano. Dondequiera que se use, la tecnología nos ayudará a trabajar más rápido, mejor y más barato; si eso significa que un sitio de comida rápida nunca volverá a servir a una hamburguesa cruda que contiene E. coli, todos debemos animar y aplaudir el avance de la tecnología.

---

[36] https://www.kioskmarketplace.com/blogs/will-restaurant-ordering-kiosks-replace-employees/

Capítulo 10 - El salto cuántico en la informática

Las redes neuronales tienen una capacidad misteriosa de aprender, algo que las computadoras tradicionales no tienen. Al igual que los humanos, las redes neuronales tienen un cerebro donde pueden procesar y memorizar información para su uso futuro. Por otro lado, las computadoras tradicionales tienen CPU y RAM para estas dos acciones respectivamente, pero ni la CPU ni la RAM pueden adaptarse a las circunstancias cambiantes, simplemente siguen el algoritmo que se escribe para ellas. Para aquellos que alguna vez han tenido problemas con los controladores en su computadora, es porque los controladores son programas especialmente escritos que permiten que diferentes partes de la computadora interactúen entre sí. ¿Mal controlador de impresora? Esa impresora nunca funcionará con esa computadora sin importar que, a pesar de todo, se encuentre completamente funcional. Ahora imagine que le sucediera lo mismo al cerebro humano y a un niño que no hizo la tarea de un día en el 3er grado y repentinamente se encontrara incapaz de caminar hacia atrás a los 30. Es obvio que las máquinas son muy inferiores al cerebro humano desde todo punto de vista, excepto en la velocidad.

En teoría, una computadora tradicional es aproximadamente un millón de veces más rápida que un cerebro, pero la velocidad no lo es todo, ya que el cerebro está trabajando durante todo el día para procesar memorias, pensamientos y acciones en **procesamiento paralelo,** mientras que la computadora hace las cosas una por una, por ende, de manera de **procesamiento serial**. Constantemente experimentamos la realidad en varios niveles diferentes, como cuando nos dormimos y soñamos con estar en un iceberg, pero en realidad es la cobija que se nos resbaló, lo que nos hace sentir frío y los circuitos cerebrales que estamos utilizando interpretan eso como un iceberg. Una computadora tendría que terminar el sueño y solo luego arreglar la cobija, pero tenemos la capacidad de darnos cuenta de que algo está mal, despertarnos un poco y arreglar la cobija y volver a dormir sin perder el hilo. Todos hemos tenido momentos similares en los que los sueños se hacen realidad de la manera más fascinante, por lo que la idea más interesante de la vida interior se adquiere al tener un diario de sueños.

El procesamiento en serie es la razón por la que las computadoras y los teléfonos inteligentes tienden a bloquearse y congelarse, especialmente si se han estado ejecutando durante un tiempo prolongado; su memoria se atasca y la única solución es un reinicio, dando lugar a la solución de cliché para todos los problemas de la computadora. "¿Intente apagarlo y volverlo a encender?" Tal vez lo más cercano que está un cerebro humano a esto es cuando entramos en una habitación y olvidamos lo que estamos buscando, pero el corazón aún bombea, los pulmones todavía respiran y el cerebro sigue funcionando; una computadora en la misma situación simplemente se da por vencida y prácticamente colapsa en el sitio. Una computadora también necesita una nueva reinstalación del sistema operativo de vez en cuando porque los archivos cruciales se desordenan gradualmente hasta que todo el sistema se detiene, pero el cerebro puede funcionar durante 60-80 años sin ninguna intervención; aunque dormir regularmente no haría daño, es como desfragmentar la memoria.

Las computadoras no se acercan a este tipo de resiliencia, por lo que la idea de que podríamos olvidarnos de comprar una tarjeta gráfica y un disco duro que asumiera automáticamente su función ciertamente haría que los CEO de la empresa de hardware lloren desconsoladamente en sus almohadas. El problema de que el cerebro tenga tal elasticidad es que no es fácil encontrar el origen de los problemas, lo que se refleja en las redes neuronales; los científicos los construyen y los dejan correr solos mientras observan el resultado final. Esto abre muchas oportunidades para que las partes malintencionadas dañen o penetren las redes neuronales.

Capítulo 11 - Ataques a las redes neuronales

El paradigma de programación de algoritmos permite que una parte hostil externa modifique el algoritmo para sus propios fines, ya sea ejecutando un código arbitrario con un "parche" para el software existente o modificando de alguna manera el algoritmo a medida que se ejecuta. En general, todos los ataques tanto en algoritmos como en redes neuronales se pueden clasificar como un **ataque degradante del rendimiento** o **un ataque de posesión**. Un ejemplo de lo anterior podría ser confundir a una red neuronal para que reconozca a los gatos como pandas y gibones como computadoras; un ejemplo de esto último sería reprogramar la red neuronal a través de entradas que la hicieran contar en lugar de reconocer imágenes. Las redes neuronales también son vulnerables a tales ataques, como se detalla en una serie de trabajos de investigación que vamos a examinar en este capítulo.

En un artículo titulado "Robustos ataques del mundo físico en modelos de aprendizaje profundo"[37] nueve investigadores observan la posibilidad de confundir las redes neuronales utilizadas para conducir un vehículo al emplear RP2 (Perturbaciones físicas

---

[37] https://arxiv.org/pdf/1707.08945.pdf

robustas) para impactar la clasificación de las señales de tráfico. Al colocar calcomanías en blanco y negro que no miden más de 2x2 pulgadas en una señal de alto, los investigadores lograron confundir la red neuronal en el 100% de las imágenes probadas en el laboratorio y el 84.8% de los fotogramas de video probados en el campo, lo que hace que vea un letrero de límite de velocidad de 45". La señal de alto fue elegida para la prueba, ya que es la que tiene más probabilidades de causar un accidente fatal si la red neuronal no le presta atención. Las calcomanías no afectan la forma en que un humano percibe la señal y se asemeja al vandalismo de las señales de tránsito, como el grafiti. Las calcomanías se probaron en otros objetos físicos y causaron que una red neuronal viera un microondas como un teléfono.

Otro trabajo de investigación titulado "Las limitaciones del aprendizaje profundo en entornos adversos"[38] examina cómo modificar un promedio de 4.06% de las entradas de manera adversaria puede hacer que la red neuronal clasifique incorrectamente el 97% de las salidas. En este caso fueron números dibujados a mano que fueron utilizados para entrenar la red. Aplicadas a la imagen de un vehículo, las mismas modificaciones podrían confundir una red neuronal y que en su lugar vea un avestruz. El ataque se hace a través de las arquitecturas de redes neuronales.

"Ataques prácticos de caja negra contra el aprendizaje automático"[39] considera a un atacante que no tiene conocimiento de la arquitectura de la red neuronal ni acceso a un gran conjunto de datos utilizado para la capacitación, es decir, un atacante con un presupuesto bajo. Al usar las API públicas disponibles que permiten a cualquier persona explorar redes neuronales sin acceder a ellas directamente, un atacante puede probar sus entradas adversas de dos maneras:

---

[38] https://arxiv.org/pdf/1511.07528.pdf

[39] https://arxiv.org/pdf/1602.02697.pdf

versus el MNIST de Metamind (dígitos escritos a mano) y la galería de imágenes de señales de tráfico de German Traffic Recognition Benchmark. La red neuronal anterior fue confundida con éxito el 84.24% del tiempo, mientras que la última falló en el 64.24% de las entradas. En ambos casos el reconocimiento humano no se vio afectado. Los investigadores tardaron 36 horas en elaborar estos ataques.

El escrito "Parche Adversarial" de Tom B. Brown[40] examina la idea de la reprogramación adversaria de las redes neuronales. La idea es que la presentación de un elemento, como una tostadora, junto a otro puede hacer que la red neuronal los vea a ambos como tostadoras. Pegatinas iridiscentes especialmente impresas que se asemejan a una tostadora colocada junto a un plátano, hacen que la red neuronal vea solo la tostadora. Una demostración en vivo del ataque puede verse en un video de YouTube titulado "Parche Adversarial" aquí.[41] Este tipo de ataque es significativo porque no requiere conocimiento de la arquitectura de la red neuronal. El escrito también incluye una etiqueta de tamaño real para imprimir y utilizar en la reprogramación de redes neuronales.

"Accesorio para un crimen: ataques reales y sigilosos al reconocimiento facial de vanguardia"[42] examina el uso de anteojos físicamente discretos e imprimibles que confunden las redes neuronales de reconocimiento facial. Los investigadores utilizaron una impresora de inyección de tinta Epson XP-830 para imprimir el marco de los anteojos en un papel satinado y luego lo colocaron en un marco de anteojos real, que alteró solo el 6.5% de los píxeles de la imagen facial para engañar al software de reconocimiento facial el 91-100% del tiempo. Los ataques tuvieron éxito tanto en eludir el reconocimiento como en hacerse pasar por otra persona,

---

[40] https://arxiv.org/pdf/1712.09665.pdf

[41] https://www.youtube.com/watch?v=i1sp4X57TL4&feature=youtu.be

[42] https://www.cs.cmu.edu/~sbhagava/papers/face-rec-ccs16.pdf

prácticamente haciendo que los usuarios fueran invisibles. Dado que solo incluía gafas, este método de esquivar el reconocimiento facial es plausiblemente negable y es capaz de resistir los controles superficiales por parte de los humanos.

Capítulo 12 - Guerra de redes neuronales

Al igual que cualquier otra idea científica, las redes neuronales se propusieron como un concepto ridículo que finalmente se redujo a parámetros realistas antes de que realmente estuviera disponible para el público en general. Todo comenzó con una pregunta: "¿Cómo hacer que una computadora aprenda?" Una computadora sigue ciegamente el código que la alimenta e incluso el más mínimo error hace que se detenga, pero nada más en la naturaleza funciona así; los animales y los humanos no son capaces de hacerlo. Aprender y adaptarse al entorno para ser más eficiente en él. De hecho, los animales pueden adaptarse a los daños y tener mecanismos de autodefensa: una cucaracha común sabe que se escurre debajo de la cama cuando encendemos la luz; una mosca doméstica tejerá y esquivará nuestra mano con facilidad, pero estas supuestamente poderosas computadoras hechas por los hombres más inteligentes deben ser cuidadosamente programadas, actualizadas y mantenidas. Entonces, los científicos miraron la tarea de la naturaleza para copiarla y solo cambiaron las cosas un poco para que nadie se diera cuenta.

El cerebro humano es una herramienta notable, una que ha sido afinada por la evolución para realizar todo tipo de tareas sorprendentes que damos por sentado, como hablar, jugar al baloncesto y montar en bicicleta. El cuerpo humano también es un sistema en capas en el que los músculos cooperan con los nervios, huesos, pulmones, corazón, ojos y estómago para sentir, mover y alimentar todo, incluido el cerebro que lo domina todo desde el trono en su cámara ósea. Al observar este exquisito sistema, los científicos de la red neuronal solo podían suspirar con nostalgia e intentar copiar una décima parte del uno por ciento de esa capacidad, así que se arremangaron y comenzaron a construir una máquina equivalente a un cerebro vivo.

En 1944, dos profesores que trabajan en el MIT teorizaron acerca de cómo unir un montón de computadoras o programas pequeños y hacer que cooperen para encontrar una solución a cualquier pregunta, mejorando a medida que avanzaban. La idea surgió del hecho de que los cerebros vivos funcionan de la misma manera y el cerebro humano, en particular, funciona al encontrar un consenso a partir de una masa de neuronas parásitas, algunas de las cuales producen resultados aleatorios. Esto puede ser la voz molesta que nos hace dudar de nosotros mismos o la que nos distrae en aventuras mentales tremendamente imaginativas, al igual que lo que le sucede a JD del show de televisión "Scrubs". Ignorar estas voces aberrantes y encontrar el centro de calma es lo que los humanos llamamos "Confianza en sí mismo" y lo que hace o deshace a los mejores atletas; los científicos simplemente querían imbuir máquinas con lo mismo.

Cada vez que buscamos una imagen en Google, una impresionante red neuronal acepta nuestro archivo, lo analiza en un abrir y cerrar de ojos, lo compara con la vasta base de datos de imágenes a la que Google tiene acceso y escupe la coincidencia más cercana. Sin embargo, las redes neuronales también son utilizadas por personas mal intencionadas para hacer spam, crear cuentas falsas y, en general, crear una molestia tanto para los usuarios como para los proveedores de servicios. El auge de las redes neuronales había llevado a los proveedores de servicios a adoptar el CAPTCHA "Completely Automated Public Turing test to tell Computers and Humans Apart" (prueba de Turing completamente automática y pública para diferenciar computadoras –ordenadores– de humanos) que utiliza una imagen de una palabra retorcida, deformada o marcada con líneas de colores. Un humano fue capaz de reconocer la palabra correcta con un mínimo esfuerzo y escribirla en el cuadro para continuar, pero la red neuronal fallaría, o eso decía la teoría. En la práctica, las redes neuronales se volvieron tan buenas para resolver los CAPTCHA, tal como fueron diseñadas para hacerlo, que los desafíos tenían que distorsionarse cada vez más hasta que era imposible que incluso los más ansiosos de nosotros reconocieran la palabra correcta, razón por la cual ya no los vemos más.

Los proveedores de servicios finalmente comenzaron a usar reCAPTCHA, que utiliza una cuadrícula de instantáneas borrosas 3x3 y de baja resolución, tomadas en su mayoría de cámaras de Google Earth que desafían al usuario a identificar cuadrados que contienen un puente, una señal de tráfico, una boca de incendio o un vehículo. Una red neuronal tiene tan poco con que trabajar que prácticamente tiene que elegir cuadrados al azar para continuar, pero los humanos generalmente tienen la capacidad de detectar y reconocer objetos incluso cuando están parcialmente ocultos, borrosos y en la distancia. Por ahora, el proyecto reCAPTCHA brindó alivio a los proveedores de servicios, pero tarde o temprano las redes neuronales se enfrentarán al desafío y se volverán virtualmente indistinguibles de un usuario humano en línea. Es una verdadera carrera de armamentos y solo está empeorando.

Era solo una cuestión de tiempo antes de que las redes neuronales de tiempos de paz despertaran el interés de los militares estadounidenses. Guiado por el lema "es mejor que nos pongamos en contacto con esto para que nuestros enemigos no lo hagan", el ejército de los Estados Unidos ha estado trabajando con Google para emplear redes neuronales en el campo de batalla, tanto para guiar mejor los drones y los misiles como para planear todas las acciones potenciales de otras naciones a través de un Proyecto Maven orientado a la vigilancia. Los empleados de Google han estado firmemente en contra de que su investigación se involucre en la guerra[43], lo que llevó a unos 4.000 de ellos a firmar una petición en 2017 para retirarse del Proyecto Maven y otros esfuerzos similares. Conocen el verdadero poder de las redes neuronales y tienen miedo genuino de lo que podría suceder cuando se desate la bestia. Al igual que vimos en la película "Juegos de guerra" de 1983, una red neuronal financiada por los cofres insondables del ejército estadounidense podría funcionar a través de miles de millones de posibles escenarios de conflicto y darles siempre la victoria, o podría revelarse y hacer lo que quisiera.

Una red neuronal de este tipo podría lanzar de forma autónoma drones de vigilancia para espiar a personas y vehículos sin ser detectados, rastrear Internet para publicaciones en los medios sociales o artículos de noticias sobre ubicaciones de posibles objetivos, crear listas de muertes, usar reconocimiento facial para confirmar objetivos con alta precisión y ejecutar ataques sin un humano involucrado en absoluto o tal vez sin un ser humano capaz de evitar que algo como eso se haga por error. Dado que todo el software finalmente tiene que interactuar con el mundo real, que es complicado, impredecible e increíblemente complejo, no se sabe si una red neuronal podría fallar o experimentar errores, y si les damos la custodia exclusiva de la capacidad militar de los Estados Unidos podría hundir al mundo en un holocausto nuclear. Cuando los drones se vuelvan del tamaño de insectos, podrán infiltrarse en cualquier residencia, asesinar a quien sea y escapar o autodestruirse sin dejar rastro.

Por ahora, el CEO de Google, Sundar Pichai, prometió redactar un conjunto de pautas éticas que deberían reemplazar el lema no oficial

---

[43] https://www.bloomberg.com/news/articles/2018-05-14/inside-google-a-debate-rages-should-it-sell-artificial-intelligence-to-the-military

de Google "no sea malo", pero obtener cientos de millones o miles de millones de militares parece una oferta demasiado tentadora como para ignorarla. Además, los CEOs tienen un "deber de lealtad"[44] que aconseja poner los mejores intereses de la compañía por encima de sus propias creencias, sin importar lo difícil que sea, o podrían enfrentar serios desafíos y demandas de las partes interesadas. Incluso si el Sr. Pichai se opone a la utilización en tiempo de guerra de las redes neuronales de Google y se retira, podría ser incapaz de impedir que la bola ruede y una vez que se desate la bestia no hay vuelta atrás. Esto también podría ser cierto para las redes neuronales en sí, que por su diseño son descentralizadas e independientes, lo que hace que una red neuronal lo suficientemente grande sea prácticamente invulnerable incluso en el caso de una guerra nuclear general.

Durante la Guerra Fría, los rusos llegaron independientemente a la idea de redes neuronales como una forma de prevenir los ataques de decapitación nuclear por parte de los Estados Unidos, ataques precisos que eliminarían sus estructuras de mando militar y los dejarían a merced de cualquiera que estuviera dispuesto a invadir. Llamado "La mano de la muerte" o "perímetro"[45], este sistema informático de toma de decisiones automática controlaba los silos nucleares soviéticos y usaba una gran variedad de sensores de luz, radiación, presión y sísmicos para verificar que los misiles nucleares habían aterrizado en suelo soviético, lanzando todo su arsenal nuclear en represalia.

Normalmente, el sistema estaba fuera de línea y, supuestamente, se activaría en los casos en que los generales rusos sospecharan que la guerra nuclear era inminente, lo que les permitiría tomarse su tiempo y tomar una decisión racional; la mano de la muerte aseguraría represalias en caso de que se tomaran demasiado tiempo. Si los

---

[44] https://truthonthemarket.com/2010/07/27/the-shareholder-wealth-maximization-myth/

[45] https://www.wired.com/2009/09/mf-deadhand/?currentPage=all

sensores mostraban lecturas excesivas en todo el territorio soviético, Perímetro consultaría con el cuartel militar y esperaría un momento para recibir una respuesta. Si no llegaba ninguna, lanzaría ojivas especiales que transmitieran comandos de radio a cualquiera de los silos nucleares en operación para contraatacar. Los Estados Unidos eventualmente hicieron algo parecido a esa ojiva de comando, pero temían que el sistema funcionara correctamente y que pudiera funcionar mal. Pero ¿qué pasaría si las redes neuronales se volvieran conscientes?

Capítulo 13 – El fantasma en la máquina

Tener una red neuronal en una caja que no necesita descanso, alimentación o curación sería un activo importante en cualquier tipo de conflicto militar, pero también podría utilizarse para obtener enormes ganancias, que es lo que las empresas privadas ya están haciendo. Un ejemplo es el reconocimiento facial de Facebook que marca automáticamente a las personas cuando cargamos imágenes, pero en realidad las escanea para detectar elementos, paisajes y animales. Iniciar sesión en Facebook en computadoras más lentas puede retrasar un poco la página y, en lugar de imágenes, mostrar el texto de su marcador de posición como "varias personas sonriendo, montaña, perro" y cuando la imagen se carga correctamente, revela su contenido como se describe.

Todo lo que hacemos en línea es rastreado, catalogado y analizado por una red neuronal para producir un perfil personal sofisticado que incluye datos altamente personales como el historial médico, el estado de la relación o la religión (piense en esto cuando busque en Google preguntas sensibles). Se insta al lector a que intente usar Facebook subiendo contenido que muestre exclusivamente perros y vea como resultado que se recomiendan más grupos y grupos relacionados con los perros. Esta y la característica de personas que quizás conozcas son la explicación oficial de por qué se usa esta tecnología, pero en realidad crea un perfil de todas las personas a las que se hace referencia, conocidas como **perfil de sombra**.

Al rastrear el contenido de los usuarios que hacen Facebook con frecuencia, una red neuronal suficientemente desarrollada puede comenzar a juntar quién hace qué, cuándo y dónde se basa en fragmentos de conversaciones. Si dos usuarios mencionan el tercero que está fuera de la red, la red neuronal puede verificar si estos usuarios tienen la aplicación de Facebook instalada en sus teléfonos inteligentes. Si es así, la red puede escanear a través de sus teléfonos (ya que se le otorgó la propiedad total del teléfono durante la instalación de la aplicación) para ver si se menciona a este tercer usuario; busque registros de llamadas y SMS, números de teléfono, nombres de Wi-Fi y aproveche eso. Las posibilidades son infinitas cuando los usuarios están ansiosos por compartir sus datos privados entre sí a través de un sitio web famoso por el mal manejo de esos datos.

En enero de 2017 estalló una noticia[46] de que Facebook había filtrado datos privados de millones de usuarios a través de una empresa conocida como Cambridge Analytica (sin vínculo directo con la actual Universidad de Cambridge) que supuestamente ayudó a Donald Trump a ganar las elecciones presidenciales de 2016 en Estados Unidos. En 2008, el profesor Michal Kosinski trabajó en la Universidad de Cambridge y creó una prueba psicológica en Facebook que resultó ser extremadamente popular. La prueba midió cinco rasgos (apertura, conciencia, extroversión, amabilidad y neuroticismo) y produjo un resultado conocido como puntaje OCEAN. Todavía no había juego sucio, ya que el profesor hizo todo según las reglas y pidió un consentimiento explícito durante todo el proceso. Hasta aquí todo bien.

---

[46] https://motherboard.vice.com/en_us/article/mg9vvn/how-our-likes-helped-trump-win

Sin embargo, el error fue que Facebook tenía toda la información del perfil de los usuarios como pública de forma predeterminada, incluidos los me gusta. Al tomar el examen, los usuarios expusieron su perfil al profesor, quien usó una red neuronal para correlacionar la puntuación OCEAN con los gustos de los usuarios; el profesor pronto podría usar uno para predecir el otro con una precisión asombrosa para millones de personas. Unos 68 "me gusta" le permitieron saber si la persona era republicana o demócrata, su orientación sexual y el color de la piel con un 90% de certeza en promedio. El profesor teorizó sabiendo que 300 o más gustos de una persona le harían saber todos sus secretos más profundos y oscuros e incluso si sus padres se divorciaron durante la infancia. Otra huelga de Facebook fue que los perfiles de los amigos de los usuarios, incluidos los me gusta, también se hicieron públicos para el profesor. Por lo tanto, al compartir su propia información de perfil, los usuarios compartieron accidentalmente la información privada *de todos en su lista de contactos*, independientemente de su privacidad o configuración de perfil.

El profesor Kosinski finalmente se encontró con un tesoro de información sensible con el que no tenía idea de qué hacer. Aquí es donde volvemos al concepto de consentimiento no informado: los datos no deseados tenían un enorme valor, pero obviamente se compartieron accidentalmente. Por otro lado, fue culpa de los usuarios no saber cómo funcionaba el uso de Facebook y no ser lo suficientemente cuidadosos, por lo que el profesor sintió que tenía todo el derecho de guardar la información, y lo hizo, para luego venderla a la compañía Cambridge Analytica.

Pronto examinaremos cómo reaccionó Facebook ante estas violaciones de privacidad, pero por ahora recapitulemos lo que sucedió: los usuarios no sabían que su información se recopilaba y mostraba públicamente, compartieron su información sin darse cuenta y encontraron la misma información compilada y vendida a un tercero, al que ni conocían, años después del evento inicial. Por cierto, todo esto se anuncia en los términos de servicio y la política de privacidad de Facebook. *Ese es el objetivo de Facebook*: recopilar y analizar datos utilizando redes neuronales para llegar a perfiles de usuarios sofisticados y datos de tendencias de comportamiento que luego se venden con fines de lucro.

Pero, ¿por qué cualquiera de nosotros sería tan importante como para justificar ese seguimiento incesante? ¿Cuál es el significado de saber esto? A John Smith, en particular, le gusta ver a Rick y Morty o tomar una bebida energética Monster cuando a otros no. Es la información agregada de millones de usuarios rastreados a lo largo de los años lo que permite a cualquier estadístico desarrollar modelos de tendencias de comportamiento y predecir qué hace cada persona que pertenece a ese grupo demográfico *con un alto grado de certeza*. Nadie lo sabe con certeza y siempre existe nuestro libre albedrío, pero después de saber lo que una persona puede hacer, la idea es predecir cuándo cambiará el comportamiento e intervenir en el momento adecuado con publicidad. Así es, todo se reduce a hacer la publicidad perfecta.

Todos los escándalos de privacidad y las filtraciones de datos de los usuarios siempre se relacionaron con esta idea de hacer la publicidad perfecta a través de la recolección de datos privados y el uso de redes neuronales. Hasta ahora, hemos visto estos escándalos con los datos recopilados en línea, pero ahora las máquinas tienen acceso al hardware físico que utilizamos a diario, lo que significa que estamos a punto de ingresar a un nuevo nivel de publicidad perturbada que no toma prisioneros.

En este momento, el modelo de publicidad es más como lanzar dardos en una tabla con los ojos vendados en un huracán: todos aterrizarán en algún lugar, pero a menos que estén siendo lanzados de a miles, no servirán. Esta es la razón por la que todas las grandes marcas, como Pepsi, gastan millones, para simplemente sofocar nuestros momentos de vigilia con sus logotipos y melodías pegadizas. Por supuesto, solo las compañías más grandes y malas tienen ese tipo de presupuesto, dejando a todos los demás al margen.

Las agencias de mercadeo se dieron cuenta de que esto no era factible y que debía actualizarse de alguna manera. Necesitaban algo basado en la ciencia y ejemplos demostrables, por lo que comenzaron a perfilar psicológicamente a los clientes. Por ejemplo, los expertos en mercadotecnia utilizaron cámaras de vigilancia en los centros comerciales para concluir que todos tenemos hábitos de compra que rara vez cambian, pero hay momentos en que nuestros escudos están caídos y estamos abiertos a nuevas ideas y productos: conseguir un perro, divorciarnos, embarazarnos o la compra de una nueva casa. En el momento en que ocurra el evento, ya es demasiado tarde, pero si hubiera una manera de predecir cuándo una persona conseguirá un perro, se divorciará de su pareja, quedará embarazada o comprará una nueva casa y se le presentara un anuncio de un producto relacionado o servicio, de la nada, el vendedor ha conseguido un cliente, y ya depende de la empresa mantenerlo.

Las agencias de mercadeo y los vendedores se dejaron llevar por esta idea, pero hubo un pequeño problema de vigilancia ilegal, así que simplemente decidieron que una máquina inteligente examinara los datos, asignara un número a cada persona y sacara una conclusión sobre cuál es el resultado más probable. Dado que se trata de un área legalmente inexplorada y nadie se ha atrevido a demandar a una empresa por dicho seguimiento y creación de perfiles, las empresas sienten que pueden hacer lo que quieran, lo que han estado haciendo desde 2002. Esta práctica de acosar a los usuarios por sus datos personales se llama **minería de datos** y está presente dondequiera que haya un anuncio. Cuando se pierden los datos, simplemente se compran a los intermediarios de datos para compilar un perfil de comportamiento integral, incluidas las marcas de jarabes favoritas y qué comedia muestra que la persona prefiere ver en línea. Nada está oculto y nada es sagrado cuando los beneficios están en juego.

Un artículo del New York Times de 2012 titulado "Cómo las empresas aprenden sus secretos"[47] detalla una cuenta diseñada por

---

[47] https://www.nytimes.com/2012/02/19/magazine/shopping-habits.html?pagewanted=1&_r=1&hp

uno de los analistas de la cadena de tiendas Target contratados en 2002 para investigar cómo compran los clientes y cómo encontrar esas ventanas de comportamiento donde un anuncio tendrá el mayor impacto. En este caso, la atención se centró en el embarazo y en lograr que los padres jóvenes usen Target para sus necesidades de alegría antes de facilitarles ofertas para sus propias necesidades. Después de todo, los padres solteros no tienen mucho tiempo para perder yendo a varios puntos de venta minoristas, por lo que podrían abastecerse de alimentos para toda su familia en Target.

El analista comenzó evaluando el comportamiento de compra de las mujeres que se registraron para un baby shower en Target y marcaron su fecha de vencimiento. Notó que había una lista definitiva de 25 artículos, como bolitas de algodón, lociones perfumadas y vitaminas, que todas las madres embarazadas compraban, dependiendo de lo avanzado que estuviera el embarazo. A continuación, se buscó un patrón en el comportamiento de compra de todas las *mujeres* que visitaron Target y finalmente se pudo usar la tecnología de las redes neuronales para determinar si las mujeres estaban embarazadas, *incluso si ellas aún no lo sabían.*

Observe cómo los datos agregados de una masa de personas pueden usarse para predecir con un alto grado de certeza el comportamiento de cualquier otra persona que pertenezca a ese grupo demográfico. Esto significa que el consejo de "simplemente no usar el sitio web" no funciona y las estadísticas combinadas con la inteligencia artificial de la red neuronal tienen datos más que suficientes para superar cualquier brecha en el conocimiento. A menos que todos decidamos abandonar un sitio web o una empresa, tendrán más que suficiente información sobre todos. Cuando los sistemas operativos comienzan a utilizarse para la minería de datos, todo se vuelve mucho peor.

Windows 10 es el último y mejor sistema operativo del taller de Microsoft, pero está repleto de minería de datos que ahora incluye **telemetría**, un informe sobre la frecuencia con la que se accede a un archivo o cuándo se enciende el dispositivo. Esta es la información que se envía a los programadores cuando un programa falla y hacemos clic en el botón "Enviar informe"; por lo general es anónimo y muestra un registro de lo que sucedió inmediatamente antes del bloqueo. Tenga en cuenta que el caso de uso normal de la telemetría implica un evento obvio (bloqueo del programa), la decisión del usuario (haga clic en "Enviar informe") y el envío de esa parte de los datos relacionados con el bloqueo. Por lo general, esto no pone en peligro la privacidad del usuario, pero cuando el sistema operativo completo está diseñado desde cero para mantener constantemente la telemetría, se convierte en una ventana al comportamiento del usuario.

Normalmente usamos nuestras computadoras cuando estamos más relajados, cuando estamos navegando en la web desconectados del mundo real, jugando a videojuegos, viendo películas o incluso haciendo algo productivo. En cualquier caso, nunca esperaríamos que todo, desde los nombres de los archivos hasta los eventos del calendario, sea procesado por una inteligencia artificial en el otro lado del monitor, un ojo incansable que puede ver y entender lo que estamos tratando de hacer, mostrándonos publicidad a lo largo del camino. Al ver cómo Windows 10 viene con un asistente digital incorporado, Cortana, la telemetría ahora se expande a las voces de cualquiera que use Cortana, así como a los ruidos de fondo.

Capítulo 14 - Sin reacción

El evento de Cambridge Analytica muestra lo trivial que es el hecho de que se produzcan tremendas filtraciones de datos, el hecho de que Mark Zuckerberg se enfrente al Senado de los Estados Unidos en abril de 2018 durante horas de intenso calentamiento que representaron muchas variaciones cuidadosamente ensayadas de "No estoy seguro de si puede responder eso, senador". Uno de los senadores, el señor Blumenthal, calificó el manejo del escándalo de Cambridge Analytica en Facebook como "ceguera voluntaria"[48], que es exactamente lo que era. Resulta que administrar y proteger datos privados es muy costoso y es un costo continuo que sigue aumentando, pero no es obvio cuándo o cómo alguno de esos datos arrojará una ganancia. Por lo tanto, Facebook simplemente intentó minimizar los costos al negarse a auditar a los socios que acceden a datos, realizan aplicaciones, juegos o pruebas psicológicas en su plataforma, siempre y cuando paguen una tarifa de acceso nominal y juren que respetarán las reglas.

Sandy Parakilas trabajó como gerente de operaciones de la plataforma de Facebook entre el 2011 y 2012 e informó en la

---

[48] https://youtu.be/GQN4On0K7-w?t=11306

entrevista a The Guardian[49] que las violaciones de datos eran frecuentes. Al intentar alertar a los altos mandos, esencialmente se le dijo que era mejor si la compañía no investigaba o tendría que gastar dinero tratando de arreglar las fugas. La implicación era que Facebook estaba legalmente más protegida si todos simplemente ignoraban los problemas, independientemente de cualquier daño a la reputación posterior. Los usuarios fueron básicamente arrojados a los lobos y se fueron con un par de míseros ajustes de privacidad que no hicieron casi nada mientras los legisladores estaban dormidos al volante.

No es que Facebook sea el único sitio web que hace eso; todas las empresas de tecnología y redes sociales envidian a Facebook sobre lo sofisticado que es su proceso y desearían poder hacer lo mismo, por lo que Mark Zuckerberg fue elegido como la persona del año de TIME en 2010. Los sitios web sociales esencialmente han convertido los datos privados de los usuarios en un recurso común, exponiéndolos a la antigua Tragedia de los Comunes[50]: si hay un recurso compartido, el que lo explota primero obtiene el mayor beneficio, pero la sociedad en general sufre (un ejemplo es el aire que respiramos y las fábricas que lo contaminan principalmente en beneficio de su propietario).

Incluso aquellos usuarios que viven fuera de la red o navegan por la web sin tener una cuenta de Facebook que piensan que son anónimos tienen un seguimiento de su comportamiento para conocer todos sus secretos; cuando intentan crear una cuenta, Facebook simplemente les presenta una cuenta lista para usar que desde siempre han estado construyendo. Esto puede ser francamente aterrador y por una buena razón: ningún sitio web está destinado a saber mucho sobre nosotros. La pregunta más natural entonces es: ¿dónde almacena Facebook todos estos datos privados?

---

[49] https://www.theguardian.com/news/2018/mar/20/facebook-data-cambridge-analytica-sandy-parakilas

[50] https://www.investopedia.com/terms/t/tragedy-of-the-commons.asp

Las enormes granjas de servidores de Facebook, como la de Luleå, Suecia,[51] pueden tener hasta 14 millas cuadradas de servidores cuidadosamente apilados y ventiladores masivos que aspiran aire frío del Ártico para evitar que se sobrecalienten. El gobierno local estima los costos de construcción de esta granja de servidores en particular en $ 760 millones. Es un centro de datos de respaldo para Facebook, que puede permitirse invertir todo lo que sea necesario para salvaguardar los datos de los usuarios hasta que los utilicen; así es como ganan dinero.

Este tipo de dinero es exactamente la razón por la cual la UE se ha adelantado y ha introducido un conjunto de leyes y directrices relacionadas con la privacidad el 25 de mayo de 2018 que impulsaron todas las actualizaciones de la política de privacidad que llegan a nuestras bandejas de entrada de correo electrónico. Conocido como el Reglamento General de Protección de Datos (GDPR),[52] este baluarte de 400 páginas contra la explotación en línea se redactó en 2016 y se anunció con dos años de antelación, protegiendo a todos los residentes de la UE de prácticas desagradables. Al definir el "derecho a ser olvidado" como un elemento fundamental de la privacidad en línea, GDPR consagra el derecho de los ciudadanos de la UE a solicitar a los motores de búsqueda la eliminación de resultados perjudiciales para su reputación.

Bajo el GDPR, las empresas que prestan servicios a los residentes de la UE tienen que permitir que los usuarios desactiven sus prácticas de recopilación de datos, lo que requirió revisiones masivas de cómo funcionaban los sitios web hasta el punto de que algunos de ellos prohibieron totalmente a los visitantes de la UE hasta que arreglaran

---

[51] http://www.dailymail.co.uk/sciencetech/article-3814105/That-s-really-cool-Facebook-gives-rare-glimpse-inside-gigantic-Lule-server-farm-just-70-miles-Artic-circle-Sweden.html

[52] https://eur-lex.europa.eu/legal-content/EN/TXT/HTML/?uri=CELEX:32016R0679&from=EN

sus páginas[53] y también se les prohibió la "toma de decisiones automatizada y perfilado", como usar una red neuronal para decidir si alguien es elegible para un préstamo o empleo.

Ibrahim Diallo ya experimentó los efectos que una red neuronal puede tener en el estado de un empleado *cuando fue despedido por una*.[54] Esa jornada de trabajo comenzó como cualquier otra en junio de 2018, con la única molestia de que su tarjeta de acceso no lo dejaba entrar a sus oficinas en Los Ángeles, pero el guardia de seguridad le abrió la puerta. Esto ya había sucedido antes durante sus 8 meses en la posición y por lo general, era señal de que la tarjeta necesitaba ser reemplazada, así que Ibrahim fue a ver a su gerente. Él notó que fue eliminado del sistema y que su estado de empleado cambió a "inactivo". Fue entonces cuando los correos electrónicos comenzaron a llegar, y todos los habitantes del edificio fueron informados. El Sr. Diallo, que no podía entrar a su oficina o iniciar sesión en su computadora, había sido despedido de su contrato de 3 años. Empaquetó sus pertenencias personales y abandonó el edificio mientras los gerentes miraban consternados, incapaces de hacer nada o incluso averiguar la razón.

En el transcurso de las siguientes tres semanas, los ejecutivos principales se concentraron en los correos electrónicos para descubrir qué había salido mal, manteniendo informado a Ibrahim todo el tiempo. Resultó que la empresa pasó por cambios fundamentales en su gestión de recursos humanos, utilizando un sistema automatizado de vanguardia para clasificar los beneficios, empleos y despidos, etc. Esto sucedió durante los 8 meses de Ibrahim en la firma, y al parecer alguien olvidó marcar su empleo como "activo", probablemente un gerente con ojos agotados que llena una hoja gigantesca de Excel tarde por la noche. Un error menor, pero el sistema no reconoció a Ibrahim como empleado y

---

[53] https://www.econsultancy.com/blog/70065-gdpr-which-websites-are-blocking-visitors-from-the-eu-2/

[54] https://www.bbc.com/news/technology-44561838

activó una cascada de comandos para bloquearlo. La parte divertida fue que los humanos no pudieron revertir la terminación durante tres semanas, momento en el que finalmente se dejó entrar a Ibrahim, pero esto fue algo que le hizo sentir que la actitud de sus compañeros de trabajo cambió y fue a buscar otro trabajo.

Capítulo 15 - Formación académica

Podríamos considerar la ciencia como una colección difícil e inquebrantable de hallazgos definidos, pero ese no es realmente el caso. La investigación científica es más como tejer una gigantesca tela de araña, una intersección de hilos delicados que unen todo tipo de elementos y lugares diferentes. El centro de esta web sería la parte más firme y fiable, una base para construir una civilización, pero los bordes serían fugaces y los científicos que los construyan se basarían en los hallazgos que despiertan el interés de los inversionistas volubles que están dispuestos a desperdiciar fondos. Por una remota posibilidad de golpear una bonanza científica.

Esto realmente ha llevado a lo que se denomina la **crisis de replicación**[55], donde la nueva generación de científicos ha pasado por estudios aparentemente de buena reputación y los ha encontrado en gran medida exagerados o totalmente falsos. Para ser justos, eso se aplica principalmente a los estudios psicológicos, pero se encontró que la medicina y la genética también contienen investigaciones dudosas; resulta que el deseo de reconocimiento de las partes y la financiación a veces puede ser una perspectiva tentadora. Existe al menos una explicación científica válida para la crisis de replicación,

---

[55] https://nobaproject.com/modules/the-replication-crisis-in-psychology

que se explica mejor al observar el descubrimiento del **efecto mariposa** de Edward Lorenz.

Edward, un matemático y un meteorólogo con dos títulos de MIT, tuvo la tarea de calcular un pronóstico meteorológico bimestral durante la década de 1960 utilizando un conjunto conocido de valores atmosféricos, como la humedad, la temperatura, la presión del aire, etc. Su trabajo consistía en beber grandes cantidades de café mientras la computadora arcaica compilaba datos para finalmente mostrar el pronóstico que él vería manualmente. Lo que Edward notó es que, al redondear un solo número en un lugar decimal aparentemente intrascendente, como el 12 o el 13, se produjo un resultado climático muy diferente que se marcó más con el paso del tiempo. Esto lo llevó a realizar una presentación de 1972 titulada *"Predictibilidad: ¿El aleteo de una mariposa en Brasil produce un tornado en Texas?"*, donde expuso cómo nuestra propia percepción de qué datos son significativos o no pueden dar forma al resultado de cualquier cálculo.

El efecto mariposa se aplica comúnmente a campos no científicos para producir una idea agradable de que cada acción que realizamos tiene alguna consecuencia significativa, aunque eso no es lo que Edward quería decir; él demostró matemáticamente que, por extraño que parezca, la opinión de una mariposa sobre qué flor es la más bonita importa mucho. En cualquier caso, sus hallazgos llevaron a la creación de la **teoría del caos**, la noción de que incluso los sistemas más simples pueden tener resultados diametralmente opuestos si los valores iniciales están ligeramente alterados, con el péndulo doble [56] como un maravilloso ejemplo mecánico de este principio.

Los científicos se encontraron en un punto muerto: no solo no podemos encontrar respuestas adecuadas a los enigmas científicos, sino que *tampoco sabemos cómo formular las preguntas*. Nuestro cerebro da forma a las cosas que vemos, no se puede confiar en

---

[56] https://www.youtube.com/watch?v=U39RMUzCjiU

nuestros ojos y la totalidad de nuestro ser viene con sesgos manipulados que dan forma a los datos para producir el resultado que inconscientemente deseamos ver. Pero, ¿qué pasaría si los científicos pudieran crear una entidad no humana que pensara como un humano, que pudiera percibir, comprender y calcular números de longitud indeterminada y sin ningún sesgo para llegar a los resultados más precisos que el mundo haya visto?

El aprendizaje profundo está relacionado con las redes neuronales y representa un concepto completamente nuevo de crear un asistente mecánico capaz de autoaprender de manera imperturbable, lejos de las miradas indiscretas de los seres humanos, al conectar módulos maleables separados y dejar que la red neuronal descubra gradualmente su propio camino para el funcionamiento óptimo. Todo está oculto en un misterio hasta el punto que también podríamos llamar *matemágico* a este tipo de ciencia. A diferencia del **aprendizaje automático**, un concepto amplio de máquinas capaces de mejorarse de alguna manera, el aprendizaje profundo dice que las máquinas pueden aprender y enseñarse unas a otras y crear algo que supera ampliamente nuestras capacidades mentales a una velocidad de un millón más rápido de lo que podemos comprender.

A veces, un titán intelectual, como Einstein, Tesla o Darwin, aparece y, ocasionalmente, hace agujeros en la red de descubrimientos, sacudiendo paradigmas científicos hasta su núcleo. De este modo, se deja a los científicos la tarea de recoger las piezas y reconstruir la web de nuevo, exaltados con la perspectiva de ver las cosas viejas bajo una nueva luz, pero estas personas son una en un billón; con una red neuronal y un aprendizaje profundo, podemos tener nuestros propios Einstein, Teslas y Darwin de bolsillos creando y reinventando todo a un precio muy pequeño para nosotros.

El campo de las redes neuronales se encuentra actualmente en la periferia de la ciencia, reuniendo minuciosamente datos de datos para crear una red neuronal ligeramente mejor que la que era el modelo de antaño, avanzando lentamente todo el nicho, pero no será hasta que haya una apariencia de un intelecto tan abrumador que podamos dar un gran salto de limitado a general y luego a súper IA; es solo que este tipo de intelecto no tiene que ser humano. Mientras tanto, tenemos montones de trabajos académicos publicados en Arxiv.org que explican estos pequeños avances en las redes neuronales, así que examinemos algunos de ellos.

Análisis de calidad de video

El contenido de video es el rey de Internet, ya que tiene la oportunidad de involucrar al usuario de manera instantánea y mantener sus ojos pegados a las imágenes bonitas y en movimiento, lo que explica los videos de reproducción automática detestados universalmente, pero... ¡un momento! ¿Es eso un brillo de pixelación en la esquina inferior izquierda? ¡Mis preciados ojos! Los usuarios nunca han sido más selectivos cuando se trata del contenido de video que consumen, pero es bastante caro alojar y transmitir videos de alta calidad; ser capaz de producir una calidad de video aceptable que elimina una fracción del porcentaje de los costos totales se traduciría en millones de ahorros sin agravar a los usuarios.

Las "redes neuronales convolucionales para la evaluación de la calidad de video"[57] se ocupan de la compresión de video, que es un mal necesario para lidiar con el contenido de video que se sabe que está mal ajustado. El método propuesto para la Evaluación de la calidad del video (VQA) pretende ser capaz de comparar un número arbitrario de métodos de compresión de video para encontrar el que tiene la menor cantidad de distorsión en comparación con el archivo original. Lo interesante es que VQA se ocupa de la *percepción de la calidad*, no necesariamente de una definición matemática de la calidad, sino que es un método de compresión que produce la réplica más exacta del video original.

El contenido típico de video se distribuye en línea usando algoritmos de compresión que imitan mucho la compresión de imágenes fijas,

---

[57] https://arxiv.org/pdf/1809.10117

pero representan un conjunto doloroso de concesiones: un archivo de video ligeramente comprimido puede congestionar una conexión de Internet y causar el temido problema de búfer, pero un video altamente comprimido conduce nuevamente a artefactos que distraen la atención. Incluso diferentes archivos de video del mismo tamaño se comprimirán con resultados totalmente diferentes gracias a cómo funciona la compresión de imágenes; un video con cortes rápidos y una cámara temblorosa (piense en las películas de Bourne) a menudo resultará borroso bajo la compresión.

Un algoritmo de compresión toma cada fotograma del archivo de video, lo superpone con una cuadrícula fina y realiza un análisis estadístico del contenido dentro de cada celda, calculando un promedio a través de una serie de fotogramas[58]. En esencia, esto es cómo funcionan la compresión y descompresión de video, pero la gran variedad de formatos de video y tipos de contenido hacen que el VQA sea un problema enloquecedor para 4-40 personas que comparan manualmente archivos descomprimidos y originales, como lo propone la recomendación UIT-T P.910[59] y ahí es donde entran en juego las redes neuronales.

El método VQA presentado en este documento es el tipo más desafiante, también conocido como sin referencia (NR), donde el archivo original sin comprimir no está presente o sus características no se conocen; solo tener el video descomprimido imita de cerca la experiencia del usuario en la vida real y aumenta la autenticidad de los resultados. Las ventajas de NR son la baja complejidad computacional y la capacidad de realizar VQA de forma remota, a través de Internet. El conjunto de datos de entrenamiento utilizado en este documento consistió en 3 clips de 10 segundos del Festival de Edimburgo 2016, cada uno con 1920x1080 a 25 Hz, codificado mediante un codificador HEVC y cinco configuraciones de

---

[58] https://www.eetimes.com/document.asp?doc_id=1275437

[59] https://www.itu.int/rec/dologin_pub.asp?lang=e&id=T-REC-P.910-200804-I!!PDF-E&type=items

compresión diferentes. Los 15 clips de video resultantes fueron luego ejecutados a través de un simulador que podría aproximarse al efecto de 4 velocidades de Internet diferentes, lo que resultó en un total de 60 clips (3 * 5 * 4). Ocho humanos evaluaron la experiencia visual de cada uno de los 60 clips que se muestran en orden aleatorio y les asignaron calificaciones de 1 (mala) a 5 (excelente) de acuerdo con los estándares multimedia de la UIT.

Luego, la red neuronal tiene la oportunidad de predecir la calidad del video en base a 1.000 fragmentos aleatorios de fotogramas aleatorios de cada clip, obteniendo una precisión general del 66-80%, dependiendo de lo afinados que estén los filtros de la red neuronal para la tarea. La conclusión de los autores es que los extremos son mucho más viables para una red neuronal, pero que se mantuvo bien en una variedad de configuraciones de compresión de video y condiciones de ancho de banda.

Identificación de la flor del fruto

Tener un huerto es como vivir en el Jardín del Edén: la naturaleza es abundante y la fruta cuelga en grupos ricos y jugosos que piden ser recogidos; tener un huerto que está destinado a producir productos comercializables es un asunto completamente distinto. Los agricultores suelen estar a merced del clima y de los insectos voraces, pero incluso cuando el clima es bueno y los insectos se mantienen a raya, gran parte del éxito depende de la sincronización adecuada. El agricultor generalmente tiene que medir el momento correcto cuando realice ciertas acciones de mantenimiento basadas en el recuento de flores, que todavía se realizan manualmente. Bueno, ahora tenemos redes neuronales.

"La detección multiespecífica de flores frutales mediante una red de segmentación semántica refinada"[60] presenta la idea de utilizar una red neuronal para medir la floración, la cantidad de flores presentes

---

[60] https://arxiv.org/pdf/1809.10080

en el tiempo de poda y aclareo, acciones cruciales que determinan el tamaño, el color y el sabor de la fruta. Las plantas normalmente intentarán crear tantas frutas como sea posible, diluyendo su sabor, pero la poda y el aclareo hacen que la planta concentre sus esfuerzos en crear la fruta más atractiva. Los agricultores que evalúan la floración deben tener mucha experiencia para extrapolar el estado de toda la huerta a partir de una pequeña muestra de árboles, y las flores generalmente tienen una vida útil corta.

Otros investigadores ya intentaron usar una red neuronal para evaluar la floración, pero las condiciones necesarias eran bastante difíciles: una de esas soluciones solo funcionaba de noche y bajo iluminación artificial específica. En este artículo, los autores presentan una solución que funciona bajo diferentes condiciones de iluminación, se aplica a varias especies de plantas y está completamente automatizada, escaneando imágenes de alta definición de un árbol en menos de un minuto para contar la floración que llevaría a los humanos una hora para completar. La red neuronal presentada en este documento también utiliza GPUs disponibles comercialmente para reducir aún más la carga y el coste computacional; la máquina exacta utilizada fue la CPU Intel Xeon E5-2620 v3 a 2.40GHz (62GB) con una GPU Quadro P6000.

COCO de Microsoft[61] (Objetos comunes en contexto) se usó para clasificar objetos individuales hasta el nivel de píxeles, que comprende la clasificación (lo que está en la imagen), la localización (donde están los objetos), la segmentación (objetos delimitadores) y el análisis compuesto, que consiste en tres pasos evaluados a la vez. Apropiadamente, los autores tuvieron que hacer su propia poda para entrenar correctamente las redes neuronales, eliminando vías innecesarias y neuronas para ignorar el ruido visual en las imágenes, como el pasto. Las hojas se convierten en el mayor problema con la evaluación automatizada de la floración, por lo que una ruta

---

[61] https://arxiv.org/pdf/1405.0312.pdf

especializada de reconocimiento de hojas se entrelazó con la que reconoce las flores.

Se crearon cuatro conjuntos de datos de imagen: dos de manzanos, uno de melocotón y uno de pera. Aquí, los investigadores ya se encontraron con un obstáculo, ya que las diferentes frutas tienen flores con distintos tonos y saturaciones, siendo la manzana típicamente blanca, el durazno rosado y la pera verde. El conjunto de datos de prueba consistió en 100 imágenes del primer conjunto de manzanos, tomadas con la cámara de mano Canon EOS 60D de manzanos plantados en filas y apoyados por enrejados, con otros manzanos visibles en la distancia. Se usaron 30 imágenes adicionales de este conjunto y todos los demás conjuntos de imágenes para probar que la red neuronal podría entrenarse en multitud de patrones de reconocimiento de flores utilizando solo el manzano. El segundo conjunto de imágenes del manzano consistió en 18 imágenes tomadas con una GoPro HERO5 y un vehículo utilitario que levanta un panel de fondo para ocultar otros árboles. El de durazno tenía 24 y el de peras tenía 18 imágenes con la GoPro, ambas sin un vehículo utilitario o un panel.

La resolución de las imágenes fue de 2704x1520 para la GoPro y de 5184x3456 para la cámara Canon, con solo un 2,5% del área total de la imagen con flores reales. Cada imagen de la GoPro se dividió en segmentos que medían 321x321 píxeles (las imágenes de Canon eran 155x155 píxeles porque tenían una resolución más alta) para llegar a 52,644 segmentos que luego fueron evaluados individualmente por la red neuronal, calificándolos en la probabilidad de tener flores y presentando las puntuaciones como un mapa de calor. Los humanos anotaron manualmente los segmentos de la imagen utilizando tabletas para indicar una probabilidad muy alta de flores y señales visuales negativas que podrían indicar falsos positivos.

Los resultados mostraron que la red neuronal tenía una precisión del 59-94% dependiendo del conjunto de imágenes, y los autores concluyeron que el clima nublado presente en los conjuntos de melocotones y peras llevó a la red a un reconocimiento deficiente de las flores y, en ocasiones, a ver las nubes como flores. Los falsos positivos todavía estaban presentes, en particular, los capullos de las flores se interpretaron como flores propias, pero la red neuronal mostró una precisión notable con poco entrenamiento previo.

Rastreo del confort térmico del ocupante

Una lucha acalorada por los controles del aire acondicionado es una parte inevitable de la vida en la oficina, pero produce un efecto escalofriante en la dinámica social de los compañeros de trabajo. Las miradas se intercambian cuando uno se envuelve en un suéter grueso mientras que el otro se regodea en silencio; todos los demás se ven obligados a elegir un lado y, por lo tanto, la lucha por el poder continúa. Donde sea que se comparta un edificio, existe un problema constante de personas que tienen diferentes puntos de confort térmico, lo que significa que los controles ambientales establecidos en ese par de grados que se adaptan a todos representan una tregua, aunque sea débil.

Hacer un sistema de aire acondicionado totalmente automatizado que ajusta la temperatura justo cuando la persona está a punto de mover el aire acondicionado suena como algo salido de la ciencia ficción, pero la llegada de las redes neuronales y su capacidad para filtrar los datos para encontrar patrones que antes no se notaban hace que muchos de estos futuristas inventos factibles. Primero, necesitamos entender el comportamiento humano y lo que lo motiva a cerrar o abrir ventanas, por ejemplo. "El aprendizaje del pasado a corto plazo como predictor del comportamiento humano en edificios comerciales"[62] analiza el comportamiento de los ocupantes para descubrirlo y minimizar el desperdicio de energía utilizada para mantener la temperatura interior.

Se encontró de manera interesante que el problema se parece al reconocimiento automático de voz, lo que significa que cuando las

---

[62] https://arxiv.org/pdf/1809.10020.pdf

acciones se asignan a una persona dentro de un edificio, aparecen una serie de características específicas que se asemejan a inflexiones y pronunciaciones de voz únicas. Esto se debe a que los humanos siempre intentan modificar su entorno para sentirse cómodos y a hacer cosas instintivamente que saben que los harán sentirse más relajados; esto es sinónimo del uso de frases familiares y habituales en las que nos apoyamos. Ni siquiera nos damos cuenta de que la temperatura en la habitación podría haber bajado algunos grados, provocando escalofríos en la columna vertebral, pero el regulador interno de comportamiento en nuestro cerebro, el **sistema límbico**, nos obliga a actuar, por ejemplo, al cerrar la ventana.

La hipótesis inicial es que el comportamiento de los ocupantes siempre está relacionado con los cambios climáticos en el interior a corto plazo, por lo que medir la humedad en el interior, la temperatura, la concentración de CO_2, etc. en intervalos a corto plazo ayudará a la red neuronal a evaluar el clima de la oficina a través del tiempo y evaluar qué y por qué el ocupante quería cambiar. Los investigadores descubrieron que los intervalos de 30 minutos hasta 4 horas en el pasado eran óptimos para medir el comportamiento de los ocupantes, pero que era posible retroceder 2.500 horas usando la misma arquitectura de red neuronal y obtener estimaciones precisas.

Los autores del artículo utilizaron datos de un edificio universitario en Aachen, Alemania. Tres oficinas monitoreadas para el papel tienen ventanas operativas, produciendo 600,000 puntos de datos analizados utilizando Intel Core i7-6900K @ 3.2 GHz con Nvidia GeForce GTX 1080 y un grupo de GPUs con Nvidia Quadro 6000, ambos con Linux. El conjunto de datos consistió en eventos como "día de la semana", "ventana abierta" y "temperatura del aire" en un determinado momento. Las variables al aire libre, como la "precipitación", también se midieron utilizando una estación meteorológica cercana.

Los resultados de la red neuronal mostraron que algunos ocupantes realizaban exactamente las mismas acciones, en particular abrían las ventanas apenas llegaban a la oficina independientemente del clima. La implicación es que los hábitos muestran una propensión inusualmente fuerte a modificar el comportamiento y confiamos en los hábitos en gran medida para mantenernos cómodos sin importar el mundo exterior. Otro resultado es que el sobrecalentamiento durante los meses de invierno resultó en una apertura predecible de las ventanas, desperdiciando energía, pero los niveles de CO_2 en el interior también fueron una señal fiable de apertura de las ventanas. En total, la red neuronal tenía una precisión del 99% para predecir cuándo se abrirían las ventanas, pero el rendimiento se degradó a medida que pasaba el tiempo.

Detección automatizada del uso del lenguaje de odio

Los medios sociales permiten que todas las personas con acceso a Internet compartan información gracias a la atención mundial instantánea; incluso los principales medios de comunicación cuentan con tweets aleatorios y comentarios en Facebook, con el tweet covfefe de Donald Trump[63] como el mejor ejemplo. No es que la gente vaya a las redes sociales con la intención de cometer errores de ortografía, sino que el anonimato, la distancia y la desconexión con la persona con la que estamos hablando hacen que los errores se acumulen y se conviertan en un problema mucho mayor. Además, todo lo que publicamos se mantiene en línea para siempre para que el discurso de odio sea un problema persistente, generalizado e irreprochable para todas las plataformas de alojamiento de contenido en línea que normalmente prohíben el discurso de odio, pero no tienen forma de aplicar esa regla a gran escala.

"Incrustaciones predictivas para la detección del habla de odio en Twitter"[64] es un artículo de investigación de la Universidad de

---

[63] https://www.nytimes.com/2017/05/31/us/politics/covfefe-trump-twitter.html

[64] https://arxiv.org/pdf/1809.10644.pdf

Columbia que analiza la idea de combinar el periodismo y la tecnología informática para distinguir y detener el discurso de odio como se publica en Twitter. La etiqueta "discurso de odio" en sí misma es ambigua, ya que la comunicación humana es en gran parte contextual; es probable que alguien que no conozca el contexto subyacente en el discurso policial desde el exterior interprete mal las bromas inocuas como el discurso de odio, pero se debe hacer algún tipo de etiqueta, por lo que el discurso de odio se define en el documento como "destinado a ser despectivo, a humillar o a insultar a los miembros del grupo". Dado que la definición incluye la intención, la red neuronal tiene un alto orden de comprensión del contexto.

Al usar un léxico en Hatebase.org y los autores de la función de búsqueda de Twitter, compilaron un conjunto de datos de 20,000 tweets sexistas, racistas y de odio, usando ¾ para entrenamiento y ¼ para hacer pruebas. Los falsos negativos aparecieron casi de inmediato, con el programa australiano de cocina/chismes "My Kitchen Rules" como el más ofensivo, ya que contiene dos equipos de mujeres compitiendo por la mejor experiencia culinaria en un restaurante que promueve el drama. La red neuronal tampoco detectó palabras potencialmente problemáticas ocultas dentro de hashtags inusuales, como #NotSexist. Los resultados mostraron que la red neuronal se desempeñó "notablemente bien en los conjuntos de datos estándar de lenguaje de odio", pero los autores sugieren que se creen mejores conjuntos de datos para detectar formas más sutiles del lenguaje de odio.

Reconocimiento de alimentos

Retorcerse para obtener la imagen más óptima de lo que hay en sus platos es el pasatiempo acrobático favorito de los jóvenes asociado a las redes sociales, pero el avance en el reconocimiento de imágenes de la red neuronal y la clasificación de objetos pronto podría convertirlo en algo del pasado, al menos en lo que respecta a escribir lo que realmente está en el plato. La "red neuronal VGG de ajuste fino para el reconocimiento estatal de grano fino de imágenes de alimentos"[65] está motivada por las necesidades dietéticas de los pacientes que a menudo tienen que informar laboriosamente lo que comieron ese día; tener una forma de reconocer, calcular e informar automáticamente la ingesta de nutrición simplificaría la asistencia médica remota, pero los chefs robóticos también necesitarían esta habilidad.

Investigaciones previas de otros autores mostraron buenos resultados en el reconocimiento de ingredientes individuales, como la fruta, pero el desafío adicional en este documento es poder clasificar los alimentos en su estado procesado, como el tomate líquido, rebanado, cortado en cubitos, pelado, etc. Se procesaron 18 ingredientes para cocinar (pan, pimiento, cebolla, etc.) de 7 formas diferentes (entero, pasta, jugo, etc.) y se fotografiaron entre 60 y 120 veces. Los anotadores humanos observaron las imágenes y rastrearon los contornos de cada objeto, anotaron su estado procesado y produjeron un total de 10,547 imágenes a una resolución de 224x224, el 90% de las cuales se usaron para entrenamiento, el 10% para validación y 861 imágenes adicionales para pruebas.

La red neuronal tenía una precisión general del 59%, con rallado, jugo y juliana (cortados en tiras largas y delgadas), como la más reconocible y rebanadas como la más confusa. El análisis de imágenes muestra una iluminación diferente que se asemeja a las condiciones realistas de la cocina, pero también hace que la red neuronal confunda un método de procesamiento por otro. Los alimentos cremosos eran un desafío notoriamente difícil para la red neuronal, ya que los humanos notaban que esas imágenes en el conjunto de entrenamiento no eran coherentes entre sí. Los autores señalaron que tenían que realizar un nuevo muestreo en pequeños conjuntos de datos, lo que también afectó negativamente el proceso de aprendizaje de la red neuronal.

---

[65] https://arxiv.org/ftp/arxiv/papers/1809/1809.09529.pdf

Predicción del precio de las acciones

El mercado de valores atrae todo tipo de inversiones, algunas más sabias que otras; la inversión de valores no informada no es diferente a un juego de apuestas. Hay muchas maneras de intentar y predecir qué acciones subirán y cuáles se basarán únicamente en información disponible públicamente, ya que el uso de información privilegiada es en realidad un delito en los Estados Unidos según la Regla 10b-5 de la Ley de Intercambio de Valores, comúnmente conocida como "información privilegiada". El problema con el análisis del precio de las acciones es que a veces puede parecerse a la lectura de las hojas de té, una forma de pronóstico altamente subjetiva que en realidad no indica nada significativo.

El Banco Mundial informó en 2017 que los mercados bursátiles mundiales tienen más de $ 64 billones en capitalización, pero los métodos de predicción del precio de las acciones siguen siendo difíciles de alcanzar, si es que existen. El problema es que dondequiera que los humanos estén involucrados, hay inestabilidad e imprevisibilidad inherentes, como lo muestra el tweet de Elon Musk[66] del 7 de agosto de 2018 que dice: "Estoy considerando hacer privada a Tesla a 420$ por acción. Financiamiento asegurado". El mes siguiente, Elon será demandado por el gobierno de los Estados Unidos[67] por este y otros tweets, alegando que se hicieron para engañar a los inversionistas y manipular el precio de las acciones, pidiéndole que se hiciera responsable de cualquier pérdida, la renuncia de cualquier posición en cualquier corporación y que dejara de twittear sobre su compañía, lo que llevaría a pérdidas catastróficas para Tesla. Incluso si ignoramos el comportamiento humano, ¿quién podría predecir el movimiento del precio de las acciones?

---

[66] https://twitter.com/elonmusk/status/1026872652290379776

[67] https://www.usatoday.com/story/money/2018/09/27/sec-charges-elon-musk-tesla-over-tweets-take-company-private/1447172002/

La "Clasificación relacional temporal para la predicción de acciones"[68] analiza las tendencias de los precios de las acciones para determinar los patrones que ayudan a predecir las acciones con los ingresos más altos. Los métodos tradicionales de análisis de tendencias (TA) generalmente se basan en el comportamiento anterior para predecir los resultados futuros y ver las existencias como independientes entre sí, pero el método propuesto en este documento, la clasificación de stock relacional (RSR), explica ambos factores para llegar a la predicción más precisa del movimiento del precio de las acciones. ¿Qué tan preciso es? Los autores del documento afirman que RSR supera a TA para ofrecer una tasa de retorno promedio de 98% y 71% en NYSE y NASDAQ, respectivamente.

La novedad en RSR es mirar a las empresas que se encuentran en el mismo sector para correlacionar los movimientos de precios y también considerar si son proveedores o consumidores para ver cómo el precio de los bienes afecta sus acciones. Un ejemplo de esto es el proveedor para la pantalla del iPhone 8 de Apple; ya que el teléfono se vendió bien, las acciones del proveedor también aumentaron y siguieron subiendo. En total, la red neuronal consideró 52 relaciones entre los componentes de una empresa o sociedad, como quién es el propietario, los miembros de la junta directiva, qué sistema operativo está involucrado en caso de que el producto sea software, etc.; todos los datos fueron extraídos de Wikidata, una base de datos de conocimiento de código abierto.

Evaluación del tumor cerebral

El glioblastoma multiforme (GM) es el tipo de cáncer cerebral más agresivo, con síntomas no específicos, como dolores de cabeza y náuseas, que progresan rápidamente hacia la pérdida de conocimiento y la muerte. El GM afecta también a niños y adultos jóvenes, pero no hay un acuerdo sobre sus causas; el consenso

---

[68] https://arxiv.org/pdf/1809.09441.pdf

médico general es que los GM tienen orígenes genéticos pero ninguna especulación que se ha podido hacer al respecto nos acerca a una cura. Por ahora, solo hay cirugía, esteroides y ciertos medicamentos para mantener al GM controlado, con un tiempo de vida esperado de 12 a 15 meses, como máximo.

El tratamiento del paciente y la evaluación del riesgo varían mucho dependiendo de las partes afectadas del cerebro y de si el GM es de grado alto o bajo, por lo que los médicos y el paciente se benefician enormemente al aproximarse a la propagación y al grado del GM lo mejor que pueden, generalmente recurriendo a una biopsia y el difícil trabajo de taladrar el cráneo para tomar una muestra de tejido que todavía es propensa a errores de muestreo e inconvenientes para el paciente. Cualquier cosa que sea más rápida, más fiable y conveniente que la biopsia ayudará a los pacientes a vivir más tiempo y de manera más cómoda a la vez que reduce los costes médicos.

"La clasificación automática de tumores cerebrales a partir de datos de IRM mediante redes neuronales convolucionales y evaluación de calidad"[69] busca crear una red neuronal de este tipo que pueda combinar el conocimiento de pacientes de GM pasados y las imágenes cerebrales de IRM del paciente actual para predecir la propagación más probable del tumor. Se recopilaron las imágenes de 285 pacientes, el 60% se usó para el entrenamiento, el 20% para la validación y el 20% para las pruebas. Las imágenes también fueron preprocesadas para igualar el brillo, lo que le dio a la red neuronal una precisión competitiva del 89-92%, dependiendo de si se observó una IRM cerebral total o solo las imágenes del tumor, aunque no siempre pudo adivinar correctamente el grado de GM como el de las lesiones circundantes y el tejido enfermo que lo desviaron.

---

[69] https://arxiv.org/pdf/1809.09468.pdf

Reconocimiento de actividad de sensores portátiles.

Las redes neuronales existen en su propio mundo acogedor y digital y, por lo general, tienen que depender de flujos de información proporcionados por humanos. A medida que más y más hardware del Internet de las Cosas (IoT) se extienda por todo el mundo, las redes neuronales dejarán a sus espectadores más y más lejos, pudiendo predecir nuestros movimientos y pensamientos mejor que nosotros; por supuesto, el punto de venta será que las redes neuronales son grandes asistentes.

"RapidHARe: un método computacionalmente económico para el reconocimiento de actividad humana en tiempo real de sensores portátiles"[70] investiga una forma computacionalmente ligera y económica de rastrear el movimiento humano en el espacio físico 3D a través de sensores portátiles, como un teléfono inteligente y su acelerómetro, sensor que mide la inercia. Ya existe un campo considerable de investigación de acciones humanas a través de dichos sensores, incluido el análisis de la marcha, el reconocimiento de las actividades de la vida diaria, el reconocimiento de gestos y el reconocimiento de las actividades humanas. Cada uno de estos análisis se enfoca en diferentes partes del cuerpo o diferentes tipos de actividades, como piernas o cocinar; el análisis de la marcha se puede usar con personas mayores que tienen problemas para caminar o pararse para descubrir cuándo están a punto de perder el equilibrio y advertirles a través de una aplicación de teléfono inteligente o una alarma portátil. En todos los casos, la atención se centra en crear un compañero que sea eficiente en el uso de la energía, que se integre sin problemas y sea rápido.

En promedio, 18 personas de 23 años de edad usaron sensores de inercia y electrodos para un total de 5 horas de datos que

---

[70] https://arxiv.org/pdf/1809.09412.pdf

involucraron 8 actividades diferentes (subir, bajar, detenerse, etc.). Los sensores llevaban 3 pares por pierna: lado superior del pie, canilla y muslo, conectados a una caja de microcontroladores que reunía 56 muestras por segundo. La red neuronal tenía una precisión del 97.85% que se incrementó hasta el 98.94% cuando se le hizo notar los cambios repentinos en la señal, como cuando la persona se paró repentinamente o se quedó quieta. Los autores concluyen el documento señalando que su objetivo era crear una red neuronal que solo pudiera funcionar con hardware portátil, como el Mate 10 de Huawei o el Pixel 2 de Google; la computación basada en la nube produciría un aumento de rendimiento insignificante al introducir un conjunto de restricciones completamente nuevo.

Búsqueda de talentos en LinkedIn

Lástima de aquellos que confían en los currículos para encontrar trabajo o incluso para obtener una entrevista de trabajo. Cualquier empresa que se precie ya utiliza sistemas de filtrado automatizados para revisar miles de currículos y descartar aquellos que no tienen las palabras clave necesarias, es decir, el 90% de ellas; y eso es solo para conseguir una entrevista. Los solicitantes de empleo podrían entonces comenzar a llenar sus CV con todo tipo de palabras clave solo para poner su pie en la puerta, por lo que las empresas deben mejorar su juego, lo que obviamente implica el uso de redes neuronales para encontrar el talento adecuado para el trabajo.

"Hacia un aprendizaje profundo y de representación para la búsqueda de talentos en LinkedIn"[71] es un artículo de investigadores de LinkedIn que intentan descubrir la mejor manera de combinar el talento y los empleadores en su plataforma. Esto no es tan fácil como parece, ya que las personas generalmente adoptan una actitud de humildad y se malvenden a sí mismas profesionalmente, por lo que LinkedIn debe revisar más allá de la superficie para ver quien rellenó

---

[71] https://arxiv.org/pdf/1809.06473.pdf

correctamente el CV por parte de los empleados y al filtrado de CV por parte de los empleadores.

LinkedIn comenzó como una plataforma de medios sociales con énfasis en el empleo, lo cual es una idea encomiable en comparación con las redes consumidoras de tiempo como Twitter y Facebook, pero incluso un concepto brillante puede verse obstaculizado por la ejecución. Las redes sociales típicas recopilarían datos privados de los usuarios y los venderían con fines de lucro, pero LinkedIn obtiene 2/3 de los ingresos de los servicios para usuarios premium llamados LinkedIn Talent Solutions, así que esperemos que funcione como se espera.

El problema surge casi de inmediato, ya que los nichos de empleo son diversos y matizados; un buscador de empleo podría publicitarse como "escritor", pero la apertura real del trabajo podría abarcar desde la publicación de anuncios de Facebook y las publicaciones de Instagram hasta informes de resumen de libros y reseñas de dispositivos. Cada uno de estos tiene un conjunto de requisitos y limitaciones especializados que afectan la forma de escribir y hacen que cada escritor tenga un rendimiento diferente. Si el empleador también solicita un escritor que pueda realizar la edición de video, entonces tenemos que agregar "Final Cut" o "Adobe Premiere Pro" como requisitos de software en Mac y Windows respectivamente. Los realizadores de podcasts también podrían solicitar habilidades de mezcla de audio, por lo que la lista de requisitos sigue creciendo constantemente, y esto es solo para esa posición de bajo nivel en la que el empleado produce contenido bastante simple.

Los perfiles de LinkedIn llegan a los cientos de millones, cada uno con títulos de trabajo canónicos, como "contador certificado", y descripciones de habilidades de texto libre, como "Wordpress ninja". Al analizar los requisitos del empleador y relacionarlos con las descripciones de los empleados analizados, LinkedIn Recruiter, la parte neuronal de la plataforma, puede clasificar los perfiles de los empleados de mejor a peor coincidencia en términos de utilidad. Pero, ¿qué pasa si el empleado no quiere empleadores específicos u ofertas de trabajo? Los correos electrónicos internos de LinkedIn, llamados inMail, se toman como el factor más relevante para decidir si existe una relación entre el empleador y el talento para tener una relación profesional; si el talento responde de manera positiva, entonces el trato está prácticamente listo.

Al acumular datos de LinkedIn Recruiter durante dos meses en 2017, que incluían a decenas de miles de reclutadores, millones de candidatos y si sus mensajes de correo electrónico fueron aceptados o rechazados, los autores del documento dejaron que la red neuronal intentara igualar a los dos por su cuenta y llegó a un aumento del 3% en la precisión en comparación con el modelo utilizado actualmente. La conclusión es que, desafortunadamente, este aumento no justifica el uso de una red neuronal en sí debido a los costes de ingeniería, pero podría tener algún valor el uso de una arquitectura híbrida no solo en LinkedIn sino en todos los demás servicios de búsqueda y comparación a gran escala.

Escena sintética basada en palabras

Las redes neuronales requieren una gran cantidad de datos precisos para la capacitación y las pruebas, pero podría haber un problema de falta de fondos para recopilar dichos datos o incluso acceder a las bases de datos; los datos deberían ser etiquetados manualmente por humanos. En caso de un presupuesto bajo, podríamos usar **datos sintéticos**, ejemplos creados por una red neuronal y utilizados para entrenar a otra. Un ejemplo de datos sintéticos es la tarea de una red neuronal para crear perfiles de pacientes, de modo que se pueda entrenar a otra red neuronal para reconocer los síntomas de la enfermedad; dejar que ambas lo resuelvan y den como resultado dos productos perfeccionados con poco esfuerzo.

"SCENIC: Generación de escenas basada en el lenguaje"[72] trata sobre la creación de datos sintéticos significativos, coherentes y

---

[72] https://arxiv.org/pdf/1809.09310.pdf

realistas para entrenar y probar redes neuronales, no solo ejemplos aleatorios. La clave en este documento se revela como un lenguaje de programación probabilístico, SCENIC, que enfatiza la creación de escenas a partir de descripciones de objetos y relaciones, en este caso escenas de autos en la carretera con el propósito de entrenar una red neuronal para reconocer autos. SCENIC permite establecer restricciones duras y suaves en cada escena, como el número de objetos en la imagen, y permitiría la creación de desafíos poco ortodoxos, como reconocer los autos involucrados en un accidente automovilístico; una red neuronal que puede reconocer la masa de metal destrozado de un automóvil se ha graduado con gran éxito.

SCENIC permite escenarios genéricos, como "el automóvil en la carretera", escenarios específicos, como "el automóvil mal estacionado" e incluso permite algo de ruido, como "el automóvil en la carretera a 1.2x4m". El videojuego GTA 5 (Grand Theft Auto 5) se utilizó para generar escenas e imágenes debido a sus gráficos de alta fidelidad. Al agregar diferentes climas, condiciones de iluminación y hora del día, el número de escenarios posibles se hace prácticamente ilimitado, pero cada uno sigue siendo realista y probable; de esta manera, hemos hecho de la improvisación un método de aprendizaje real. La principal ventaja de SCENIC es la capacidad de imponer relaciones geométricas en objetos dentro de la escena, como "un auto estacionado en el bordillo girado 10 grados a la izquierda".

Las escenas se utilizaron para entrenar y probar squeezeDet, una red neuronal diseñada para reconocer el tráfico y conducir de forma autónoma. Se crearon 4.000 imágenes de 4 escenas, con 200 imágenes adicionales para pruebas, que alcanzaron una precisión de entre el 78% y el 88% debido a la introducción de escenas nocturnas con clima lluvioso. Los autores concluyeron que SCENIC, por lo tanto, ayuda a revelar las debilidades de una red neuronal particular, en este caso la conducción nocturna con squeezeDet en condiciones climáticas adversas.

Identificación del autor basada en la escritura a mano

Cuando no hay mejor evidencia forense, la escritura servirá. Al contrario de lo que hemos visto en *CSI*, examinar la evidencia forense no es de ninguna manera una tarea pausada realizada en 30 segundos y acompañada por música wub techno[73]. Por ejemplo, las huellas dactilares se comparan en función de una cantidad de puntos de referencia, por ejemplo 20, y si el sospechoso coincide con la muestra de campo, el experto forense puede afirmar con un alto grado de certeza que es la misma persona. Al comparar más que eso, se corre el riesgo de perder el tiempo en lo que creemos que es un hecho, pero hay menos riesgos de acusar a una persona inocente, por lo tanto, los análisis forenses tradicionales se reducen a ser tan rápidos como sea posible al tiempo que minimizan los inconvenientes para los sospechosos que aún involucran una cierta cantidad de puntos de referencia elegidos arbitrariamente.

El examen de escritura, la grafología, generalmente no se considera una forma fiable de determinar la autoría, con algunos jueces que la descartan por la misma razón: los puntos de referencia se eligen arbitrariamente y el experto en grafología puede simplemente elegir los que coincidan, mientras ignora convenientemente todos los demás. Desde hace mucho tiempo las fuerzas del orden sueñan con poder determinar rasgos de carácter basados en solo un par de garabatos de la carta de amenaza de bomba, pero hasta ahora eso no ha sido posible. Bueno, ahora hay una red neuronal que puede hacer un examen exhaustivo de la escritura a mano, así que veamos si está a la altura.

El "Aprendizaje adaptativo profundo para la identificación de escritores basado en imágenes de una sola palabra manuscrita" [74]

---

[73] https://youtu.be/F21aifX0lZY?list=PLRUK_LtNXYBMRZbMGyrcq4JsuykXDve59

[74] https://arxiv.org/pdf/1809.10954.pdf

explica cómo cada texto escrito a mano contiene dos capas de información: el significado de las palabras escritas y la forma en que están escritas revelan quién lo escribió, y sugiere una forma de usar una para revelar la otra. Al analizar imágenes de texto escrito a mano, una red neuronal especialmente diseñada puede medir varias características de escritura, como los rastros de tinta, e identificar sus propiedades geométricas para crear un perfil de escritura completo de un autor.

La grafología convencional toma alrededor de 100 caracteres escritos para crear el perfil del autor, pero en la era moderna, la escritura a mano es un pasatiempo singular en el que casi nadie se involucra; los autores de este artículo se proponen el desafío de identificar un autor basado en una sola palabra. En circunstancias normales, el autor se identifica basándose en unas pocas palabras, generalmente el nombre y el apellido, que se espera que coincidan, pero el enfoque de red neuronal presentado en este documento tiene como objetivo determinar la autoría basada en cualquiera de las dos palabras. Se tomaron 149,138 imágenes de 967 autores distintos que contribuyeron a dos bases de datos públicas, con 106,199 imágenes utilizadas para capacitación y el resto para pruebas. La red neuronal logró una precisión del 69-93% en la identificación del autor y del 92-99% en la detección del contenido del texto, según el conjunto de datos que se usó y la forma en que se entrenó la red neuronal.

Resumen del texto en viñetas

Los informes de libros escolares son verdaderamente una pesadilla, a un niño se le da un libro corpulento y serio escrito por un autor que ha muerto hace tiempo y se le pide que discierna el significado detrás de él. ¿Por qué Raskolnikov usó un *hacha*? Los estudiantes temerosos generalmente están tan abrumados por el hecho que ni siquiera pueden recordar los detalles cruciales de la trama, que es donde una red neuronal puede aparecer para ayudarlos, en particular escribiendo un resumen en viñetas de la trama.

"La regla de tres: resumen de texto abstracto en tres viñetas" [75] examina dos formas comunes de crear un resumen de un texto: extractivo, que usa ciertos párrafos para citar esencialmente el texto, y abstracto, que usa palabras que no se encuentran en el texto para resumirlo. El documento apunta a crear una red neuronal que vaya con el último enfoque y prueba la red neuronal con Livedoor News, un servicio de resumen de noticias japonés que proporciona un resumen de tres oraciones de cada artículo publicado en el sitio web, permitiendo a los autores probar rápidamente su red neuronal.

Se tomaron artículos y resúmenes de enero de 2014 a diciembre de 2016 con un total de 214,120 pares, 1,200 de los cuales se utilizaron para el desarrollo, 1,200 para pruebas y el resto para capacitación. El problema surgió porque las tres oraciones publicadas en el sitio web a veces omitían el tema de la segunda y tercera oración, con un giro adicional que a veces la segunda y la tercera oración compartían lo que significaba la primera y, a veces, la tercera coincidía con la segunda. En conclusión, los autores señalan que su modelo es superior a las redes neuronales de resumen existentes, ya que es consciente de la estructura del texto.

---

[75] https://arxiv.org/pdf/1809.10867.pdf

Capítulo 16 - Compañeros personales

El rápido avance de la ciencia y la proliferación de la tecnología cotidiana han hecho que la vida de las personas en todo el mundo sea más cómoda y próspera. Tenemos acceso a agua más limpia, suelo más fértil y más formas de diagnosticar y curar enfermedades que nunca, lo que ha llevado a una vida más larga, pero las enfermedades crónicas, como la diabetes, también están en aumento y realmente no tenemos los recursos para abordarlos de frente.

La diabetes es un trastorno crónico de los mecanismos de autorregulación del cuerpo, es decir, aquellos involucrados en el control de los niveles de azúcar en la sangre. Todo lo que comemos contiene calorías que recorren el cuerpo en forma de azúcar en la sangre, también conocida como glucosa. El cuerpo normalmente tiene un sistema bien regulado que mantiene el hambre bajo control cuando el nivel de azúcar en la sangre es alto y viceversa; por alguna razón, este sistema falla en los diabéticos, lo que provoca un hambre sin control y niveles de azúcar en la sangre no controlados que conducen gradualmente al aumento de peso, la ceguera, la pérdida de sensibilidad y la gangrena en las piernas que requiere amputación.

La medicina no tiene idea de por qué aparece la diabetes, pero el consenso médico es que las minorías tienen un riesgo mucho mayor, siendo la dieta basura el mayor factor de riesgo. El nivel irregular de azúcar en la sangre también afecta al cerebro y cambia el comportamiento, por lo que un diabético puede experimentar una ira irracional, alucinaciones y sentimientos de apatía y entumecimiento emocional. Esto es relevante para toda la sociedad, ya que el informe de la Asociación Americana de Diabetes[76] para 2015 muestra que el 9,4% de la población de los Estados Unidos tenía diabetes, incluidos los niños, y gastaron el 230% de lo que gasta un no diabético en atención médica[77].

La diabetes no se puede curar, pero se puede controlar a través del ejercicio regular ligero, una dieta saludable y tomar medicamentos, aunque todo esto es en vano si el diabético no tiene una red de apoyo para recordarles y alentarles a mantenerse saludables; un diabético sin familia, hijos o amigos que se niegue a cambiar cualquier cosa tendrá una existencia miserable y será una carga para la sociedad. Por lo tanto, cada diabético necesitaría que los médicos llamaran por teléfono para recordarles que tomen el medicamento, que los nutricionistas revisen su dieta y que los amigos los acompañen a salir a caminar; alternativamente, podrían tener un compañero personal impulsado por una red neuronal para hacer todo eso por una fracción del coste usando un teléfono inteligente que todos ya poseen.

La diabetes es verdaderamente un flagelo en la sociedad moderna, y la peor parte es que se toma su tiempo para matar a los afligidos, primero haciéndolos inmóviles. La diabetes no tiene una solución concreta, pero es solo uno de esos problemas de salud; la enfermedad de Alzheimer, el anudamiento de las células cerebrales, es otra enfermedad crónica, que convierte a una persona en una

---

[76] http://www.diabetes.org/diabetes-basics/statistics/

[77] http://care.diabetesjournals.org/content/early/2018/03/20/dci18-0007

sombra de su ser anterior, ya que se olvida de quién fue y requiere una red de apoyo de personas que tienen que hacer todo lo posible y verter recursos para mantenerlos con vida.

Nos estamos quedando sin ideas cuando se trata de la diabetes, el Alzheimer y otros problemas similares porque simplemente nunca tuvimos que lidiar con ellos a esta escala, pero está claro que solo tirar dinero al problema no soluciona nada. Obamacare (Ley del cuidado de salud a bajo precio) estaba destinada a ser una solución legislativa general para los problemas de salud crónicos que afectan de manera desproporcionada a las minorías y también hacen que sean una responsabilidad para los empleadores, ya que el paquete de seguro de salud es una parte importante de los beneficios de empleo reservados para los veteranos en cualquier industria, pero ninguna solución puede funcionar según lo previsto a menos que aborde el problema a un nivel individual y diario. Por lo tanto, los asistentes personales impulsados por redes neuronales se imponen como la única solución viable, un guardián eficiente y vigilante de nuestra salud para mantenernos alerta, comiendo zanahorias y estirándonos regularmente.

Un compañero así estaría siempre encendido, siempre escuchando y siempre listo para aparecer con consejos para empujar al usuario hacia una mejor salud, contar calorías tomando una foto de los alimentos ingeridos, recordar cómo tomar el medicamento, medir los niveles de estrés analizando la voz y tal vez incluso llamar automáticamente a los servicios de emergencia si es necesario. Por otro lado, podría ser solo un compañero para personas sanas que están anhelando que alguien les susurre cosas dulces en sus oídos.

Replika[78] es un bot de chat creado por una principiante de San Francisco, Luka, lanzado en 2017 como una manera para que uno de los fundadores pueda lidiar con la pérdida de un amigo querido. Desarrollado por una red neuronal, Replika es una aplicación de

---

[78] https://www.wired.com/story/what-my-personal-chat-bot-replika-is-teaching-me-about-artificial-intelligence/0

teléfono inteligente que puede analizar mensajes para asumir la personalidad de la persona y producir mensajes con peculiaridades que hacen que se vea realmente como la misma persona. Los fundadores describen a Replika como "La AI que cuidas y crías", y al hablar con el usuario, asume los mismos rasgos de personalidad, que sirven como diario y confidente. Después de un tiempo, el usuario puede engancharse emocionalmente con el bot de chat y la separación sería como la pérdida de un ser querido.

En Japón, la vida amorosa ya ha trascendido el reino físico y se ha convertido en una búsqueda digital, ayudando a numerosos jóvenes a vivir el tipo de vida social que de otra manera nunca experimentarían. Enfrentados a la perspectiva de turnos de trabajo de 16 horas, escaladas profesionales agotadoras y dormir debajo del escritorio de la oficina para demostrar su inquebrantable lealtad a la compañía mientras viven en matrimonios sin sexo como felpudos para que sus esposas les den una asignación, los jóvenes japoneses preferirían relajarse con un videojuego como *Love Plus*[79] que brinda la experiencia de una novia virtual en una consola portátil, el Nintendo DS.

Love Plus coloca al jugador en el papel de un chico joven que corteja a tres chicas jóvenes, con la posibilidad de llegar a la primera y segunda base (besar y acariciar) usando la pantalla táctil del dispositivo. El jugador también tiene la opción de establecer citas en tiempo real con ellas, y esperarán que se produzca realmente en la fecha establecida, como para las 7 p.m. en un domingo y pondrá mala cara si el jugador se olvida. Al ver cómo la sociedad japonesa es extremadamente rígida e implacable cuando se trata de vivir una vida con una profunda conexión emocional o incluso simplemente con demostraciones públicas de afecto, estos jóvenes han optado por abandonar las relaciones, el matrimonio y la sociedad en general para probar suerte dentro del reino digital.

---

[79] https://kotaku.com/5243198/love-plus-has-your-virtual-girlfriend-experience-covered

No es que *Love Plus* sea una novia de IA avanzada, pero demuestra que una cantidad considerable de hombres están tan solos que tomarán *cualquier cosa* que se parezca a una experiencia humana genuina, como tener relaciones sexuales con una muñeca de silicona. En una visión del futuro que ciertamente no es para los aprensivos, las muñecas de silicona sustituyen a las mujeres, al menos cuando se trata de un vínculo emocional con los hombres. RealDoll[80] es uno de estos productos de silicona, fabricado por una empresa de California que produce muñecas desde 1996, pero ahora ha cambiado de rama para hacer réplicas del cuerpo de 18 hembras y 2 machos anatómicamente exactos con labios suaves, genitales personalizados y caras realistas. Lo interesante es que cada RealDoll vendrá con una aplicación que le dará personalidad, IA Harmony, trabajando a través de una cabeza especial. El cuerpo costará $ 6-12,000, mientras que la cabeza se vende por separado y cuesta $ 10,000.

La IA Harmony podrá mantener conversaciones no sexuales, y el propietario será capaz de ajustar la configuración de la personalidad, como tímida, amable e inteligente. La compañía productora promete la integración con la tecnología VR, como Oculus Rift, para permitir a los propietarios poner su imaginación a descansar y pasar tiempo en la luna o volar en las nubes con su RealDoll. Es probable que la compañía tome pedidos especiales, lo que significa que todos podrían finalmente cumplir sus fantasías con su actor o cantante favorito.

El límite entre lo real y lo artificial se está reduciendo con cada día que pasa, ya que los productores de muñecas sexuales crean cada vez más productos escandalosos destinados a agitar titulares y darles publicidad gratuita. En un caso, un productor de muñecas sexuales de silicona anunciaba un producto que podían manejar, pero cuando ordenan muñecos que parecen niños es cuando los legisladores se ponen serios, ¡alguien tenía que pensar en los niños!

---

[80] https://www.dailymail.co.uk/sciencetech/article-4196912/Would-pay-10-000-robot-sex-doll-AI-brain.html

Denominada Ley CREEPER (Ley de Robots Pedófilos Electrónicos de Explotación Realista), HR 4655 fue presentada en 2017 por Daniel Donovan, Jr. en la Cámara de Representantes como un sistema de detección temprana de pedófilos y ya se están realizando arrestos, aunque la Ley CREEPER todavía no se ha establecido como una ley. Un tal Scott Phillips de Ohio adquirió una muñeca sexual infantil de China y fue arrestado el 25 de septiembre de 2018, aunque su posesión aún no es ilegal[81].

Hagamos una pausa y maravillémonos de cómo los legisladores de los Estados Unidos permiten alegremente que los asistentes de conducción de la red neuronal a medias en los autos de Tesla maten a sus ocupantes y dejen que Facebook recopile y venda datos privados de personas que ni siquiera usan el servicio, pero prohibir una muñeca infantil es el asunto de mayor urgencia. Eso es porque Facebook tiene una enorme influencia política y los políticos son conscientes de la necesidad de mantener el dominio global a través de las empresas privadas en todos los aspectos posibles, incluso si se infringen los derechos de los ciudadanos, peones involuntarios en este juego de ajedrez global; aquel imbécil que compró una muñeca por sus fantasías locas sentirá toda la fuerza de un sistema legal reservado para los pedófilos reales que dañan a los niños reales.

La incertidumbre legal sobre el tema de las muñecas sexuales es otro claro recordatorio de que la sociedad en su conjunto no está preparada para lidiar con las tecnologías emergentes, pero también de que no hay una solución clara y completa que prohibiría la explotación y permitiría a las empresas florecer. En cierto sentido, todas las compañías que desean tener éxito confían en eludir su camino a través de las regulaciones y encontrar una nueva forma de explotar algunos aspectos comunes en el público en general, en este caso la necesidad de vínculos emocionales. Como hemos visto con el experimento de la mano de goma, el cerebro es bastante capaz de

---

[81] http://www.fox19.com/2018/09/25/legal-questions-raised-after-man-found-with-sex-dolls-resembling-children-prosecutor-says/

convencerse a sí mismo de que un amigo digital o de silicona es igual a uno real, por lo que también podemos chatear con personas a través de las redes sociales y tener la misma satisfacción tal como si nos estuvieran hablando en persona.

Tampoco es una coincidencia que el Sr. Phillips haya adquirido su muñeca de China, ya que el gobierno chino no tiene tales problemas morales cuando se trata de establecer una superioridad económica en la muñeca de silicona o en cualquier otro mercado. De hecho, las empresas chinas que exportan al mercado global o cooperan con inversionistas extranjeros reciben varios incentivos por parte del gobierno chino en forma de regulaciones laxas y beneficios fiscales localizados y estructurados como Zonas Económicas Especiales[82]; mientras contribuyan a la dominación económica china, las empresas chinas tienen un espacio donde pueden hacer lo que quieran.

Si la historia tiene algo que ver, tendremos que hacer una elección colectiva para aceptar con el corazón abierto las redes neuronales, traigan lo que traigan, o rechazarlas por completo mientras evolucionan para ser más compasivas, conscientes y preocupadas por cada miembro de nuestra comunidad. De lo contrario, aquellos países sin escrúpulos que estén dispuestos a usar redes neuronales nos atropellarán económica o militarmente y no habrá nada que podamos hacer para detenerlos.

---

[82] https://www.britannica.com/topic/special-economic-zone

Capítulo 17 - La dominación china

Cada ascenso de una superpotencia está marcado por un invento revolucionario, un cambio total en el paradigma que cambió la forma en que lideramos la guerra y vivimos en paz. Para los británicos, fue la invención a finales del siglo XVII de una máquina de vapor comercialmente exitosa lo que los ayudó a reemplazar a los miles de trabajadores casi indigentes con máquinas mucho más eficientes, lo que permitió que el imperio británico se extendiera por todo el mundo. Para los Estados Unidos, se podría decir que fueron los inventos de la energía eléctrica y nuclear en la Segunda Guerra Mundial lo que los convirtió en la fuerza policial del mundo y, en parte, en cada contrato político y económico importante.

Si trazamos el curso de las invenciones seminales a través de la historia, podemos seguir cuidadosamente el ascenso de una superpotencia, ya que adoptó la invención y la utilizó para dominar a todos los demás, al menos por un tiempo. Para los españoles en el siglo XVI, fue la pólvora la que permitió que un puñado de soldados con algunos aliados nativos esencialmente pusiera de rodillas al fuerte ejército de 100.000 habitantes del reino inca; a los indios norteamericanos les fue igual de bien con las hachas, arcos y lanzas contra los colonos armados con armas de fuego. Cualquier civilización que adopte redes neuronales para su uso en la guerra será tan dominante militarmente como lo fueron los españoles en el siglo XVI y ni siquiera habrá una pelea que considerar; un ejército convencional que use redes neuronales podrá identificar, rastrear, controlar y superar a la milicia o guerrilleros uno por uno.

Las invenciones revolucionarias tienen tres cualidades distintas: crecimiento rápido, adopción rápida y revolución fundamental en las áreas de adopción. Esto podría mostrarse con el ejemplo del video de vigilancia: las redes neuronales pueden procesar más datos de video para distinguir caras, posturas y características de fondo mejor que cualquier persona que utilice una fuente de video de baja resolución. Una vez que las redes neuronales tienen el control de las cámaras, no hay posibilidad de volver a la antigua forma de un guardia de seguridad aburrido mirando la pantalla de video hasta que sus ojos se vuelven vidriosos. Al igual que las linternas de gas fueron una vez el invento más moderno utilizado para iluminar una ciudad, y que ahora no se ven por ningún lado, los métodos y principios que solíamos emplear en muchas áreas se verían reducidos rápidamente por las redes neuronales, especialmente cuando se estandarizan y, por lo tanto, se fabrican en masa.

En el caso de las redes neuronales, una ventaja particular es que pueden aprender por su cuenta, reduciendo los costes de fabricación y despliegue siempre que tengan un cierto número de módulos neuronales maleables e independientes. A lo largo de este texto, hemos visto cómo los trabajos de investigación articulan la idea de combinar neuronas en unidades de organización más pequeñas, capas, para especializarse en realizar ciertas funciones, como el etiquetado de imágenes, pero estas unidades modulares aún no están estandarizadas y los científicos están realizando investigaciones sobre las redes neuronales. Por lo general, debemos comenzar de cero cuando se prueban cosas nuevas, por lo que probablemente todavía estamos lejos de la IA general. Sin embargo, si un centro regional de investigación y fabricación decidiera y pusiera su fuerza detrás de un conjunto de estándares de redes neuronales, el mundo tal como lo conocemos cambiaría de la noche a la mañana.

El genio de la Alexa de Amazon estaría siempre listo, brindando ideas sorprendentes y una sabiduría infinita mientras trabaja fuera de línea y crece con el propietario. Un dispositivo de mano con una red neuronal maleable se comportaría como un niño curioso con una supercomputadora por mente, descubriendo y explorando sus alrededores inmediatos sin ninguna presunción de proponer la mejor manera de hacer algo que pensábamos que ya no era posible; introducido en una fábrica, una red neuronal podría proponer cómo organizar el personal de manera más eficiente, en un hospital podría observar patrones generales de enfermedades para sugerir la mejor manera de mantener la higiene, etc. Esta sería la IA general teórica que podría ser producida en serie, preparada y vendida para cualquier propósito, desde la ingeniería industrial hasta el desarrollo de videojuegos, por lo que cada propietario los implementaría en un entorno particular para aprender, crecer y adaptarse. Por lo que parece, esta ola masiva de redes neuronales de nivel de consumidor vendrá de China.

"¿Aprendizaje profundo, cambio profundo? Mapeo del desarrollo de la tecnología de propósito general de inteligencia artificial"[83] analiza qué regiones del mundo mostraron los mayores avances en el aprendizaje profundo y la investigación de redes neuronales relacionadas. La conclusión fue que China produce tres documentos de aprendizaje profundo por cada documento no relacionado, mucho más que cualquier otro país, incluso los Estados Unidos. El razonamiento que se da es que la investigación, el desarrollo y la fabricación chinos están estrechamente entrelazados para producir un cambio rápido y una actitud de construir prototipos constantemente para ver qué funciona.

La combinación de la actitud empresarial, la laxa regulación gubernamental involucrada en iniciar un negocio y la insensibilidad total cuando se trata del impacto social o ambiental negativo de las grandes empresas es lo que le da a China una ventaja masiva sobre

---

[83] https://arxiv.org/pdf/1808.06355.pdf

cualquier competidor. Es la diferencia entre un competidor europeo que tiene que gastar recursos para consentir a sus empleados que se atragantan con un dedo del pie y una nueva empresa china que empieza fuertemente a través de miles de trabajadores, les paga unos pocos dólares por un día completo de trabajo y simplemente se deshace de ellos cuando ya no le son útiles; eso lo convierte en un mercado en pendiente que termina inundado de productos chinos baratos, desechables y de mala calidad. En algunos casos, los trabajadores ayudarán a la empresa y ellos mismos se despedirán, en particular mediante el uso de la defenestración.

La ciudad de Foxconn o el Parque de Ciencia y Tecnología de Longhua se encuentra en Shenzhen, un centro industrial convertido en una ciudad en el sureste de China, en las afueras de Hong Kong, el quinto puerto más concurrido del mundo. Empleando entre 250 y 430 *mil* trabajadores, la ciudad Foxconn cumple con los pedidos de IBM, Apple y Microsoft en la producción de dispositivos y componentes de hardware de todo tipo en sus 15 fábricas; todo lo que se produce allí se envía fácilmente a Hong Kong y se distribuye en todo el mundo. El tamaño del complejo es asombroso, pero lo que realmente llamó la atención de los medios de comunicación de todo el mundo fueron los suicidios.

Resulta que las condiciones de trabajo son tan rígidas, limitadas e implacables que cualquier desviación de la norma se castiga con vergüenza pública hasta el punto en que los trabajadores prefieren terminar con sus vidas en lugar de seguir trabajando o renunciar y explicar a sus padres lo sucedido. Para combatir esto, Foxconn presentó: Las promesas contra el suicidio que los nuevos empleados tenían que firmar, en las cuales prometieron que tal intento no fue culpa de la compañía. Como era de esperar, este movimiento no mejoró la imagen pública de Foxconn, que en su lugar instaló redes en todos los edificios, con un mensaje claro: no moleste a nadie en el complejo con sus problemas personales. Aquellos que logran pasar a través de las redes en realidad lo tienen mejor que aquellos que lo intentan y fallan.

Tian Yu es un joven de 17 años que intentó suicidarse después de trabajar durante un solo mes en el complejo de fábrica de Foxconn inspeccionando pantallas de aparatos; ella se rompió la espina dorsal, se quedó paralizada y tuvo que regresar a vivir con sus padres[84]. Yu describe las condiciones de trabajo dignas de un campo de concentración, en el que tenía un lugar específico para su silla de trabajo y no se le permitía moverlo ni hablar con sus compañeros de trabajo. Las cuotas diarias fueron el indicador final de productividad y valor, pero aquellos que aceptaron el desafío encontraron que las cuotas aumentaron ligeramente al día siguiente y también establecieron el estándar para todos los demás en el complejo. Por ejemplo, un trabajador que inspeccionó carcasas de teléfonos en Foxconn en 2006 tuvo que hacer 5,120 al día; en 2013, se informó que esto era al menos 6,400 por día, con un aumento salarial del 9%.

Desde un punto de vista comercial, la operación de Foxconn es magistral, ya que reduce todos los costes concebibles al tiempo que oculta el dolor dentro de complejos industriales; simplemente no se puede vencer a prácticas tan salvajemente explotadoras. Todas las compañías occidentales desean trabajar con Foxconn para crear los dispositivos más baratos hasta que, eventualmente, todas las compañías occidentales deban trabajar con Foxconn u obtener un precio fuera del mercado. Las redes neuronales serán diferentes a cualquier otro dispositivo porque los clientes no abandonarán el modelo antiguo para actualizarse al más reciente; basado en lo que hemos visto en el capítulo 16, las redes neuronales se convertirán en algo más que una simple voz en un cuadro que chatea con nosotros; vivirán y crecerán con nosotros para aprender hasta nuestros secretos más íntimos.

Este tipo de relación puede llegar a ser verdaderamente sublime, pero solo si no está impulsada por el sufrimiento monumental de quienes tienen la mala suerte de haber nacido en la posición de sumisión. Por lo tanto, nos enfrentamos a la elección moral: o

---

[84] https://www.cbsnews.com/news/what-happened-after-the-foxconn-suicides/

aceptamos con los brazos abiertos este tipo de prácticas comerciales despiadadas y de explotación, en cuyo caso podremos tener la oportunidad de disfrutar con los juguetes más geniales que hayamos visto, u optar por algo muy diferente, la oportunidad de involucrarse en el funcionamiento del mundo que nos rodea y activar el cerebro que se nos ha dado. Después de todo, las redes neuronales se basan en la estructura de un cerebro vivo, y si eso nos puede enseñar algo, vamos a hacer que nuestros cerebros tengan un potencial infinito que está esperando para ser aprovechado.

Conclusión

Las redes neuronales tienen el potencial de reemplazar a nuestros cerebros, usurpar nuestros procesos de pensamiento, sofocar nuestros impulsos creativos y convertirse en genios mágicos que aparentemente pueden cumplir nuestros sueños más salvajes, pero en ese proceso estaríamos renunciando a nuestro libre albedrío y la satisfacción que conlleva la auto-actualización y el esfuerzo. Peor aún, las redes neuronales no son un concepto completamente desarrollado y parece que experimentarán crisis nerviosas como lo haría un cerebro humano conectado a Internet para captar millones de solicitudes por día. Es poco probable que las compañías tecnológicas o las fuerzas armadas renuncien a la idea de utilizar las redes neuronales, en lugar de eso, impulsan el concepto más y más sin tener en cuenta la decencia común o la privacidad de nadie.

El ejército de los Estados Unidos en particular está experimentando una escasez de personal inmenso y cualquier herramienta que ayude a un analista a realizar cuatro o cuarenta veces el trabajo en procesamiento de imágenes o videos es indispensable. Incluso si los Estados Unidos decidiera actuar con honor y se abstuviera de usar redes neuronales, es solo una cuestión de tiempo antes de que otras naciones comiencen a probarlas, momento en el que Estados Unidos se verá obligado a hacerlo como con las armas nucleares. Una vez que el genio está fuera de la botella, no hay vuelta atrás ni se podrá saber qué sucederá.

Debemos luchar por tener un debate abierto e inteligente sobre las capacidades de las redes neuronales y su impacto en nuestra sociedad. Hay un empuje gradual de las compañías de tecnología para integrar las redes neuronales en todo y usarlas en cada producto y servicio, sabiendo que hay muy poca regulación y teniendo la ventaja de ser los primeros en usarlas. Necesitamos informar a nuestros representantes políticos sobre los peligros de las redes neuronales para que puedan crear un marco legal sólido *antes* de que suceda lo peor.

También debemos esforzarnos por mejorar a diario, haciendo cálculos matemáticos nosotros mismos en lugar de pedirle a Alexa la solución, memorizando números y fechas para refrescar nuestra memoria y, en general, tratar de ser más independientes de las máquinas. Hemos sobrevivido a lo largo de la historia gracias a nuestros magníficos cerebros, y las redes neuronales son solo otro desafío, un rompecabezas que debemos resolver antes de que se acabe el tiempo.

Si a usted le ha gustado este libro, estaría muy agradecido si dejara una reseña en Amazon.

¡Gracias por su apoyo!

Glosario

Algoritmo: Solución paso a paso de un programa dado, escrito para que una máquina pueda ejecutarlo. Caro y meticuloso de hacer y mantener. Comparar con **la red neuronal**.

Síndrome de la mano alienígena: Trastorno cerebral que hace que una mano (normalmente la izquierda) se mueva y actúe por sí sola. Las convulsiones pueden durar años. No se conoce cura.

Inteligencia artificial: Máquina de pensamiento que puede llegar a conclusiones independientes. Hasta ahora muy limitado en su alcance. Puede evolucionar rápidamente, pero volverse extremadamente inestable.

Asociación: La capacidad del cerebro para "conectar los puntos" y relacionar datos. Codiciado por una red neuronal.

Prueba Beta: Prueba final del producto antes de su lanzamiento al público. Los altos costes de la investigación y el desarrollo han llevado a las empresas a hacer que sus propios clientes realicen las pruebas beta, como en el caso de **Tesla**.

Efecto mariposa: Cambios iniciales imperceptibles en un sistema complejo que produce resultados muy diferentes.

Teoría de la mente bicameral: La idea propuesta por Julian Jaynes de que la mente desarrolló la conciencia para fusionar sus dos mitades, la consciente y la subconsciente. El uso de este último como un basurero para pensamientos no deseados conduce a la psicosis.

Bug/Error: En términos informáticos, un problema con una causa desconocida (error tiene el significado de "goblin"). Se espera que una red neuronal corrija automáticamente cualquier bug.

Escándalo de Cambridge Analytica: Un evento que reveló cómo una empresa privada terminó con 87 millones de datos personales de usuarios de Facebook, a pesar de que solo 270.000 usuarios dieron permiso para usar sus datos. No hay fallo, ya que al registrarse en Facebook acepta la vigilancia.

Teoría del caos: La noción de que incluso sistemas bastante simples pueden producir resultados muy diferentes si las condiciones iniciales se cambian imperceptiblemente.

Nube: En términos informáticos, un término de mercadeo muy hábil para el disco duro de otra persona. Crucial para la minería de datos.

Congruencia: La historia en la que las partes coinciden lógicamente una con otra independientemente de la verosimilitud de la historia. La incapacidad para admitir las faltas de uno se debe a un exceso de confianza en la congruencia.

Conciencia: La propiedad emergente del cerebro animal que hace que se vea a sí mismo como un individuo.

Cuerpo calloso: Banda de tejido cerebral que separa los hemisferios izquierdo y derecho. Operarlo puede reducir las convulsiones o inducir el síndrome de la mano alienígena.

Minería de datos: Registrar y analizar completamente el comportamiento del usuario para conocer las tendencias generales del usuario y cómo se comporta ese individuo. (Consulte **el escándalo de Cambridge Analytica**).

Mano muerta: Ver **perímetro**.

Aprendizaje profundo: La idea de una máquina que aprende sobre el mundo a velocidades insondables para los humanos.

Propiedad emergente: La característica inesperada que aparece cuando se combinan cosas ordinarias de maneras extraordinarias. **La consciencia** es una propiedad emergente de un cerebro vivo.

Tolerancia a fallos: La capacidad de trabajar a través de perturbaciones o datos ruidosos. Los humanos y las redes neuronales tienen una alta tolerancia a fallos. El **algoritmo** tiene cero tolerancias de fallo.

Flippy: El brazo robótico de Caliburger que puede voltear las hamburguesas. Aún en desarrollo, pero su función principal es prevenir la intoxicación por alimentos a través de hamburguesas poco cocidas. No funciona sin la asistencia de un humano.

IA General: La inteligencia artificial que es tan inteligente como un humano, como lo es Jarvis en Iron Man. Actualmente solo existe en teoría, pero debería evolucionar desde una **IA limitada**. Se cree que evolucionó rápidamente en **súper IA** a partir de entonces.

Generalización: La capacidad del cerebro para extraer información crucial e ignorar el ruido. Codiciado por una **red neuronal**.

El casco de Dios: Un casco con imanes débiles que estimula el cerebro y permite a los usuarios experimentar todo tipo de cosas místicas. Tomado como prueba, todo está en nuestra cabeza. Los resultados no pudieron ser replicados. Ver **crisis de replicación**.

Internet de las Cosas: Clientes que minan datos a escondidas a través de productos comunes con capacidad de Wi-Fi, como cepillos de dientes y refrigeradores. Puede usarse en un intento de crear una **IA general**.

Capa: Una pequeña unidad organizativa con una función distinta dentro de una red neuronal. Hasta ahora no está estandarizada.

Sistema límbico: El núcleo del cerebro que actúa por instinto y nos obliga a actuar sin saber por qué.

Aprendizaje automático: Concepto teórico de una máquina capaz de aprender. Probado en la práctica por una **red neuronal**.

Metadatos: Datos sobre datos, como la cantidad de pasos que una persona ha dado sin saber dónde. Se puede utilizar para extraer **datos privados**.

IA limitada: La inteligencia artificial que solo puede hacer una cosa, como jugar a las damas. Puede llegar a ser extremadamente buena en eso, pero todavía necesita aportaciones humanas. Se cree que evolucionó a la **IA general,** pero nadie sabe cómo.

Red neuronal: Programa de computadora construido como un cerebro vivo; destinado a evolucionar, aprender, crear y tomar sus propias decisiones. Puede usar dispositivos físicos (cámaras web, teléfonos inteligentes, etc.) como partes de su cuerpo. Comparar con el **algoritmo.**

Procesamiento paralelo: Trabajar en muchos problemas a la vez, como lo hace un cerebro humano. Comparar con el **procesamiento en serie**.

Ataque degradante del rendimiento: En la informática, una forma de dañar el hardware o el software hasta el punto en que apenas funciona o no funciona en absoluto. También conocido como "**ciberataque**".

Perímetro: La red neuronal soviética creada durante la Guerra Fría que garantizaría MAD (destrucción mutua asegurada) en caso de un ataque nuclear estadounidense. Se decía que el concepto asustaba incluso a los generales soviéticos. También conocido como la **mano muerta**.

Datos privados: Información personal que no revelamos a nadie, como nuestra orientación sexual o religiosa. La **minería de datos** se basa en extraer o inferir datos privados de **metadatos o telemetría**.

Proyecto Maven: Red neuronal de vigilancia y análisis de datos. Utilizado por los servicios de inteligencia de los Estados Unidos para filtrar rápidamente millones de imágenes u horas de imágenes de video.

Ray Kurzweil: Un ingeniero de Google que cree firmemente que la **inteligencia artificial** resolverá todos los males de la humanidad después de la **singularidad**.

Crisis de replicación: La incapacidad para verificar ciertos estudios de larga data que se han adoptado como el evangelio. Puede ocurrir debido a la negligencia de los investigadores originales, el anhelo de fondos o **el efecto mariposa**.

Experimento de la mano de goma: Ejemplo del cerebro humano que adopta cosas muertas y las siente como parte de sí mismo.

Automóviles de conducción automática: Vehículos que se conducen sin intervención humana. Se comercializan como si tuvieran una **IA general**, pero solo tienen una **IA limitada.**

Procesamiento en serie: Trabajar con problemas uno por uno. Así es como funcionan las computadoras tradicionales. Comparar con el **procesamiento paralelo**.

Perfil de la sombra: Práctica legalmente dudosa de compilación subrepticia de datos de los usuarios a través del uso de sitios web (**ver extracción de datos**).

Singularidad: Evento en el que los humanos finalmente se dan cuenta de su locura y se funden con las máquinas operadas por una **súper IA.**

Súper IA: Inteligencia artificial que ha evolucionado a partir de una **IA general**. La teoría afirma que tendrá inteligencia divina. Los principios evolutivos visibles implican que se volverá loca debido a un crecimiento sin control. Puede traer el final de todo aquello que apreciamos.

Aprendizaje supervisado: Asignar una tarea al alumno y mostrarles la respuesta después. Compare con el **aprendizaje no supervisado**.

Datos sintéticos: Datos creados utilizando **redes neuronales**. Visto como una forma barata de entrenarlos.

Ataque de adquisición: En la informática, una forma de comprometer el software o hardware para que funcione para el atacante. También conocido como **"hackear"**.

Telemetría: Datos de uso del programa o dispositivo, por ejemplo, con qué frecuencia se accede a un archivo. Normalmente se usa para corregir un error o bug, pero recientemente se ha convertido en una técnica de **minería de datos**.

Tesla: vehículo eléctrico sofisticado, fabricado por la compañía de Elon Musk del mismo nombre. Tiene la funcionalidad de piloto automático (ver **automóviles de conducción automática**).

Consentimiento no informado: Utilizar un sitio web, una red social, un asistente digital o un teléfono inteligente sin conocer sus términos de servicio, por lo que los acepta completamente. La base para todas las intrusiones de privacidad digital.

Aprendizaje no supervisado: Asignar una tarea al alumno y simplemente calificarla después sin mostrar la solución. Comparar con el **aprendizaje supervisado**.

Wetware: Término despectivo para el cerebro humano y el sistema nervioso. Utilizado por científicos que trabajan en inteligencia de máquinas en privado.

Vea más libros escritos por Herbert Jones

www.ingramcontent.com/pod-product-compliance
Lightning Source LLC
LaVergne TN
LVHW051916060526
838200LV00004B/176